福澤諭吉の『世界国尽』で世界を学ぶ

七五調でうたっておぼえる
世界の地理と歴史

齋藤秀彦
［編著］

SEKAI KUNI ZUKUSHI

ミネルヴァ書房

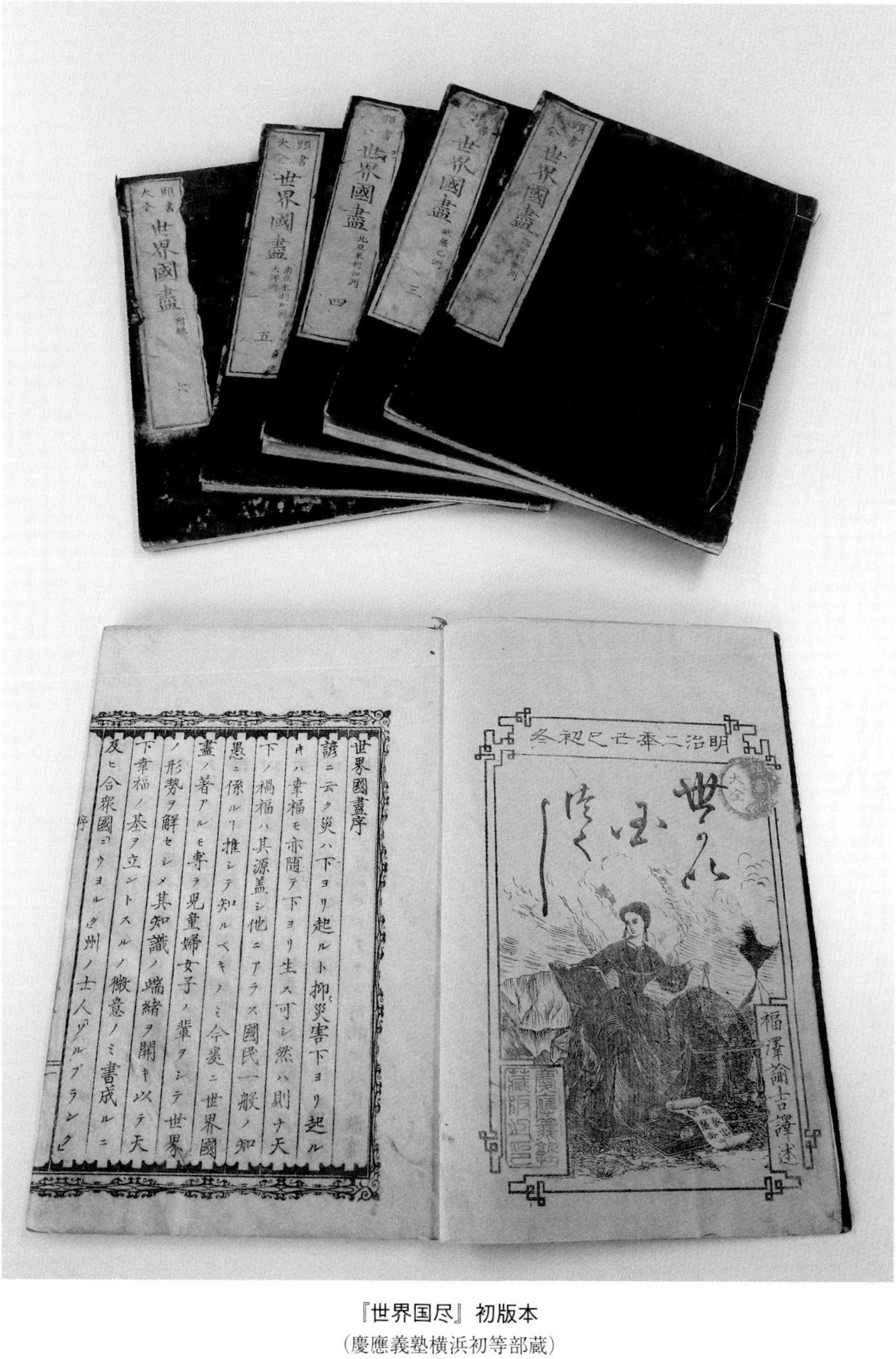

『世界国尽』初版本
（慶應義塾横浜初等部蔵）

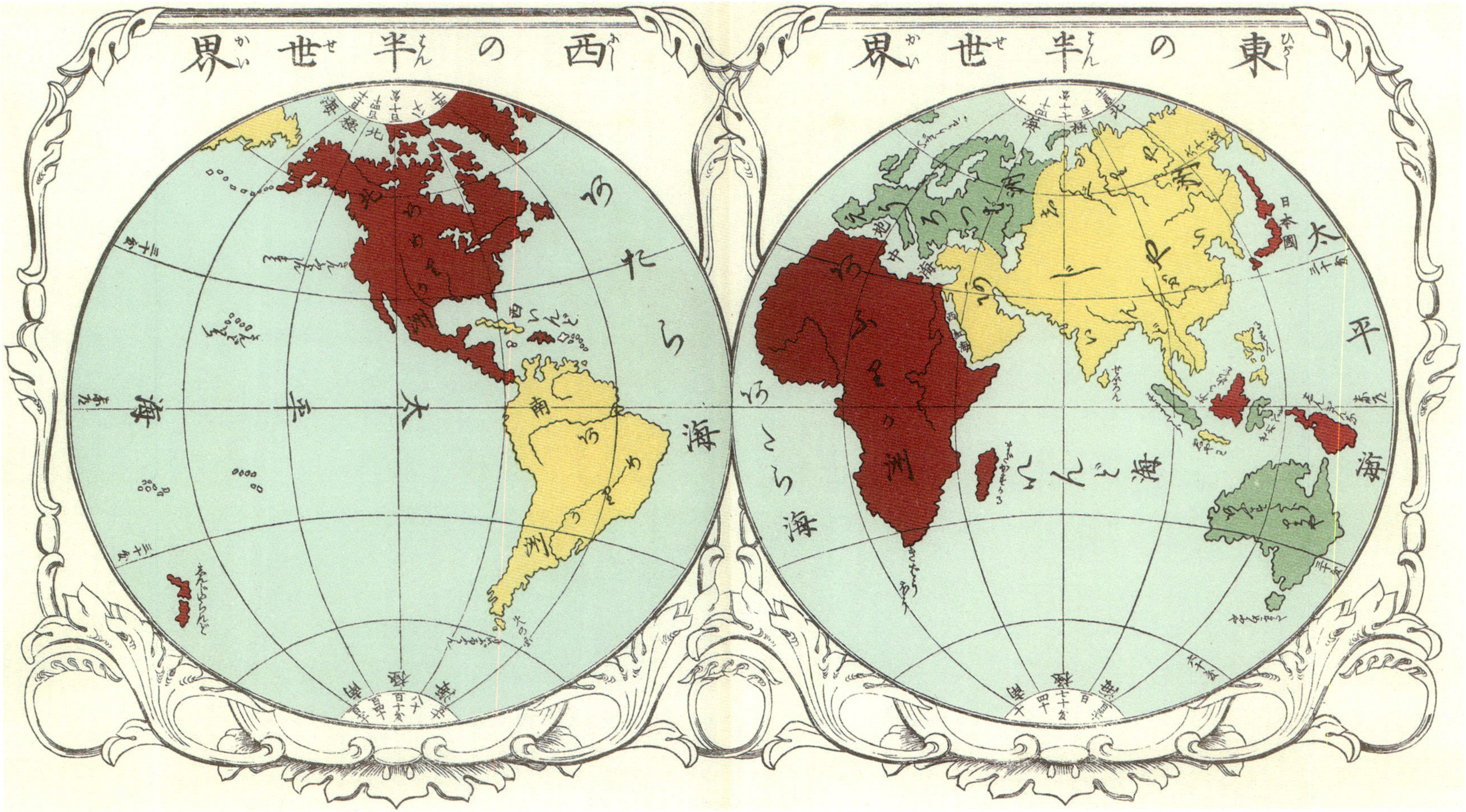

世界全図

（『世界国尽』一の巻より）

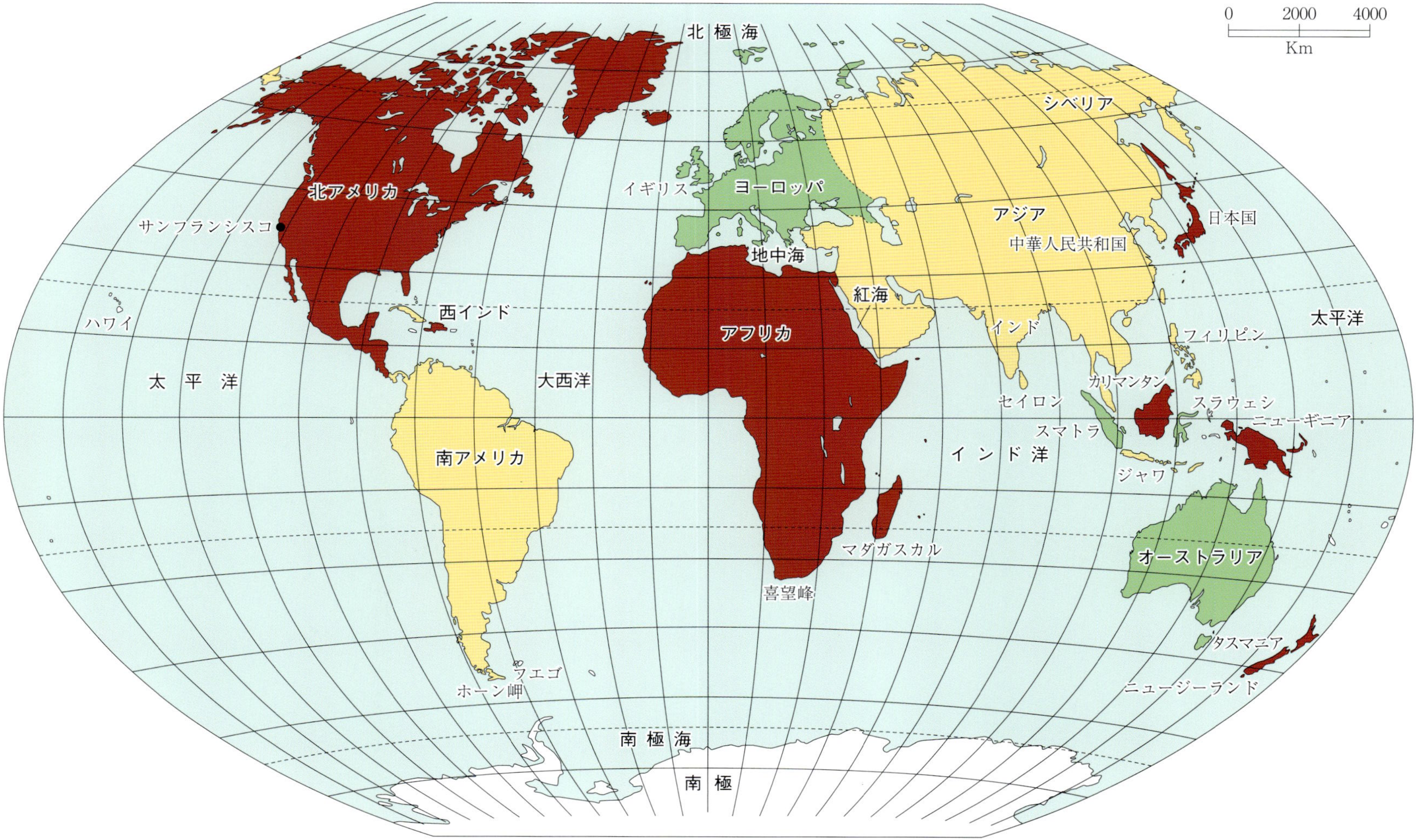
0
2000
4000
Km
北 極 海
シベリア
北アメリカ
イギリス
ヨーロッパ
アジア
日本国
サンフランシスコ
中華人民共和国
地中海
紅海
西インド
アフリカ
太平洋
ハワイ
インド
フィリピン
太 平 洋
大西洋
カリマンタン
セイロン
スラウェシ
スマトラ
ニューギニア
南アメリカ
インド洋
ジャワ
マダガスカル
オーストラリア
喜望峰
タスマニア
フエゴ
ホーン岬
ニュージーランド
南 極 海
南 極

世界全図（2017年）

福澤諭吉肖像（1870〔明治３〕年）
（慶應義塾福澤研究センター蔵）

はじめに

福澤諭吉の『世界国尽』とは

『世界国尽』は、一八六九（明治二）年に福澤諭吉の手によって刊行された本です。福澤は、世界地理の知識を子どもも含め多くの人々が身につけることを目的としてこの本を世に出しました。当時、すでに三回の海外渡航を経験し、日本人の中で最も外国通といってよい福澤が書いた本だからこそ、その内容には大いに説得力があったと思います。実際、読み進めてみると、開国間もない日本に、いくら海外の地理書、歴史書を引用したとはいえ、ここまで世界のあらましをまとめることができる人がいたのかと、驚かされます。そして、一八七二（明治五）年に学制が発布され、全国に小学校が開校すると、『世界国尽』は、その教科書に採用され、多くの児童が目にするようになりました。やがて、児童たちは、これを暗唱するようになり、世界地理の普及に効果があったといわれています。

『学問のすゝめ』や『文明論の概略』など福澤の著作の多くは、現代の私たちにとっても深く考えさせられる内容をふんだんに含んでおり、現代語訳され今日まで超ロングセラーとなっているものも少なくありません。ところが、この『世界国尽』は、右のように新たな時代の幕開けの中で少なからぬ役割を果したにもかかわらず、今日では、福澤の著作の一部として掲載はされるものの、単独で注目されることはほとんどなくなっています。

その理由としては、次のような二点が考えられます。

まず一つ目は、福澤諭吉の思想が語られた本ではないということ。

福澤自身が凡例に「英吉利《いぎりす》、亜米利加《あめりか》で出版している地理書や歴史関係の本を集め、その中で重要な部分だけを誰にでもわかりやすく訳したもので、私の創作は少しも混ざっていません」と前置きしているように、『世界国尽』は、福澤の思想が本文中からにじみ出る類の本とは違います。これは、福澤を研究する人たちにとってはあまり面白味がないことでしょう。

二つ目は、今日の世界の様子とはかけ離れているということ。福澤が『世界国尽』の中で著した世界の様子は、あくまで福澤の時代までのそれであり、現在、私たちが目にする世界の様子とは随分と違っています。そのため、『世界国尽』は現在の世界地理には合わない、古めかしい本と理解されているかもしれません。

『世界国尽』復活の試み

それでは、そのような『世界国尽』を本書によって再度、世に出そうと試みたのは、なぜかを説明しましょう。

(一) 福澤の工夫を今日に生かすことができる。

はじめに書いたように、福澤は世界地理の知識を子ども含め多くの人々が身につけてほしいと、『世界国尽』に様々な工夫をしています。読者が楽しみながら、できるだけ容易に世界の様子を知ることができるようにと考えた福澤の着眼点、読みやすく覚えやすいようにと考えた福澤の工夫は、今日も決して色あせることなく、これを生かすことができます。福澤が工夫した点を四つ紹介しましょう。

〈福澤の工夫〉

①本文が七五調になっています。これは、当時の寺子屋が東海道五十三次を七五調につづった手本で教えていたことにヒントを得て、福澤が考え出したアイデアです。調子の良い文章を一度耳にしただけで、たちまちすらすらと暗唱してしまう子どもの力は、当時も現在も変わることがありません。

②日本を出発して西回りに世界を一周する旅のように構成されています。

③子どもでも読みやすいように総振り仮名、文字は大きく行書体にし、外国の地名は中国の漢字表記ではなく福澤が考えた独自の表記を使っています。

④専門的な地理の言葉や世界の様子は、例えを用いて知識のない人たちにも、理解しやすいように表現されています。

こうした、『世界国尽』の体裁や、あちらこちらに見られる工夫そのものが、福澤の思想を反映したものと言えるでしょう。福澤が『世界国尽』に込めた思いについては、後でもう少し詳しく述べたいと思います。

（二）昔と今を比べることで世界地理の理解を深めることができる。

福澤も付録「人間の地理学」で書いているように、自然の地理は地球の歩みとともにゆっくりと変わっていくものですが、人間が勝手に取り決めた国や、国の中の様子というものは刻々と変化していきます。日本を振り返れば明らかです。明治二年といえば、まだ、まげを結い、腰に刀を差した侍が町を歩いていた時代です（散髪脱刀令が発せられたのは一八七一〈明治四〉年のことです）。今日の世界の国々の姿が、『世界国尽』に書かれた国の様子（「人間の地理学」）とは、様変わりしていても不思議ではありません。一方で、私たちが今、直面する「人間の地理学」は、過去からの延長線上にある点なのであって、過去（歴史的背景）を知らずして現在を理解するのは難しいことも多くあります。その国の伝統的な文化や産業、人々の気質や風習として息づいているものもあります。そこで、福澤の書いた内容をそのまま鵜呑みにするのではなく、これを今からおよそ百五十年前の世界の様子と理解した上で、現在の様子と比べることで、『世界国尽』を生かすことができ、また世界地理の学習にも厚みが増すことになるだろうと考えたのです。

本書に施した工夫

以上のような考えをもとに、本書では、次のような工夫をしました。

〈本書の工夫〉

①上下二段の構成をそのままに、本文については福澤が意図した七五調の調子のよさを生かすため、原文のまま掲載することにしました。それ以外の部分については、現代語訳にして読みやすくしました。

②地名や人名については、福澤の読み方、漢字の当て字をそのままにし、今日の私たちの読み方・書き方との対比を楽しんでもらうようにしました。

③『世界国尽』を現代に活用するための「つなぎ」の役割を担うものとして、それぞれの巻の終わりに、『世界国尽』に掲載されたその地域の地図と、今日の地図の両方を載せました。本文を読みながら、今昔の地図を参照してもらうためです。

④もう一つの「つなぎ」として巻の終わりに解説を設けました。解説では、福澤の時代と現代とをつなぐ、その地域のトピックスを取り上げ、点としての世界地理ではなく、過去からの延長線上にある世界地理の理解を図ろうとしています。

⑤最後に付録として、本書を利用した授業案を提示しています。これはあくまで、一つの事例であり、今後、本書を利用して授業を進める中で、よりよいもの、新しいものに書き換えられていくことが望ましいと考えています。

世界の様子を描く福澤の眼差し

さて、『世界国尽』の記述には、日本が置かれた当時の状態と、それに対する福澤の強い危機感が反映されています。つまり、欧米列強に呑み込まれる前に、日本も文明開化を推し進め、独立を全うせねばならないという強い思いです。三度の外遊で、欧米の様子を目の当たりにした福澤だからこその危機感といえるでしょう。

『世界国尽』の中に、はっきりとこれを示している文面は見当たりませんが、読み進めていくと、明らかに文明開化を推し進めていくことが望ましいと暗示していることがわかると思います。そのため福澤は、世界の国々や人々について、文明開化の進み度合いを評価の尺度にしている面があります。それぞれの国や人の多様性を認めようとしている今日においては、一つの尺度で世界を見るという考え方に違和感を覚えるかもしれません。そして、文明の発達段階が遅れている国々に対する表現が、今日では差別的な表現と見なされるところもあります。そこで現代語訳では、原文に忠実にしながらも、こうした表現については、できるだけ配慮し、柔らかい言葉を使うようにしました。しかし、訳文である以上、飛躍することはできないので、そのような配慮にも限界があることをご理解いただければ幸いです。福澤を弁護すれば、前述のとおり、当時の欧米諸国によるアジア植民地化の動きに対する福澤の危機感は切実なものでした。同時に、未だ国際社会を知らない当時の多くの日本人に、世界の様子をリアルに伝えねばならないという責任感のようなものもあったでしょう。結果として、文明の発達段階を意識した書き方になったのも自然な成り行きだったと思います。

しかし福澤は、文明の未発達な国々を見下していたわけではなく、例えばアフリカ洲の巻では、当時の奴隷制度を非難していて、文明開化の度合いには国によって差があっても、それをそのまま人間の上下の差とは認めていないことが読み取れます。福澤は、その代表作である『学問のすゝめ』でも、文明開化の進んだ国々が、遅れた国々を我がものにするような態度に抗議しています。少し長くなりますが、以下に『学問のすゝめ』を引用します。

「今世界中を見渡すに、文明開化とて、文字も武備も盛んにして富強なる国あり。あるいは蛮野未開とて、文武ともに不行き届きにして貧弱なる国あり。一般にヨーロッパ・アメリカの諸国は富んで強く、アジア・アフリカの諸国は貧にして弱し。されどもこの貧富・強弱は国の有様なれば、もとより同じかるべからず。しかるに今、自国の富強なる勢いをもって貧弱なる国へ無理を加えんとするは、いわゆる力士が腕の力をもって病人の腕を握り折るに異ならず。国の権義において許すべからざることなり」（『学問のすゝめ』第三編）。

おわりに、本書の出版にあたっては、慶應義塾横浜初等部部長の大森正仁氏から力強い後押しをいただきました。また同校の前部長で、同大学看護医療学部教授、福澤研究センター所員の山内慶太氏には多大なるアドバイス、ご協力をいただきました。さらに、同校教諭で東京大学および慶應義塾大学で非常勤講師を務める緑川明憲氏には現代語訳のアドバイス、ご協力をいただきました。これらの方なしでは、本書が世に出ることはありませんでした。心より御礼を申し上げます。また、ミネルヴァ書房で編集を担当いただいた梶谷修氏には、粘り強く本書を出版に導いていただきました。ここに謝意を表します。

二〇一七年三月

編　者　齋藤秀彦

訳者凡例

一、本書の底本には、『名著復刻全集　世界國盡』（一九六八年、日本近代文学館）、『福澤諭吉著作集』第二巻（二〇〇二年、慶應義塾大学出版会）を用いた。

一、本文は七五調を生かすため、原文のままとした。また、読みやすくするため、区切りごとに一マス空け、旧かなづかいは現代かなづかいに改めた。

一、それ以外の部分は、現代語訳を行った。

1　地名・人名およびその読み方は原文をそのまま生かした。ただし、旧かなづかいは現代かなづかいに改めた。

2　読みにくい語や読み誤りやすい語には、適宜ふりがなを付した。

3　漢数字は、西暦の表記のみ以下のようにした。　例　千八百六十八年→一八六八年

4　日本の元号を用いている場合には（　）で西暦を表記した。

5　長さ、広さ等の単位は、（　）内にメートル法による表記をし、必要に応じて現在の数字を書き加えた。

一、文中の（1）（2）…及び①②…は、その箇所について、脚注を付したことを示す（一の巻〜五の巻では見開きごとで通し番号）。

一、今日では差別的と考えられる不適切な表現が散見される。著者が出版した当時の時代背景等から、そうしたことを意識していたとは考えにくく、また出版の目的もそれを助長することではなかったことから、編者・訳者がそれらの表現があることを十分に喚起するという条件のもとで、本文については原文のまま掲載した。また、現代語訳の部分については、著者の意図を損なわない範囲で表現を工夫した。

もくじ

明治二年己巳初冬

世界國盡

福澤諭吉譯述

慶應義塾藏版

世界国尽　序《じょ》

ことわざによれば、「災いは下《しも》より起こる」(1)といいます。そもそも災害が下から起こるのならば、きっと幸福もまた下から生ずるに違いありません。そうであるならば、つまり世界中の幸、不幸の大本は、私が思うにはほかでもなく、ただ国民一般の知恵のあるなしに関わることであると、はっきりと想像できるでしょう。今ここに世界国尽を著すのも、とりわけ児童や婦女子たちに世界の様子を理解してもらい、その知識教養のきっかけを開き、それによって世の幸福の基礎をつくろうというささやかな気もちによるものです。本が完成することになったので、合衆国「ニュウヨルク」州の教育者「ワルプランク」氏の文章を左のように翻訳して、序文に代えます。

世の中の文人で筆をとって人の功績を著す人は、常にその文をおもしろくするための工夫を盛んにして、経済人の知識や才能を誉め、武将の度胸を称え、演説して回る弁士の明快な意見を讃えます。字句は優れて、文章は美しく、自然と手柄を立て有名になろうという志を読者に想像させるものが多くあります。とはいっても、現実の世界の利益を考え、世の中のためになる仕事かどうかを議論するならば、学校の教師よりも優れているものがあるでしょうか。何事も、人々の教育の重大さには、及びません。

わが合衆国の諸州は、文明を広く行き渡らせようとする考えから、小学校に関する法律をつくり、すべての家、すべての人の中で教育を受けないものはいません。例えば「ニュウヨルク」州では、州全体を九千区に分けて、一区ごとに必ず一か所の学校を開いて、教えています。ただし、五十か所の大学校やたくさんある私塾も、これ以外にあります。

(1) 災いは下より起こる　災いは、とかく身分の低い者の言動によって起こるという、ことわざ。

この学校に通う児童の数は、五十万人を下りません。このほかに、上級の学校で教育を受ける少年も九千あるいは一万人という数になります。こうしたことから考えれば、人間交際《じんかんこうさい》(2)の重要な場面で有益となり、あるいは有害となり、その幸、不幸の大本となるべきものは教え授ける先生たちの生活習慣や品位の高さにあることが分かるに違いありません。一体、これを最も重い責任といわずにいられるでしょうか。

最近、「ニュウヨルク」で選挙があって、その時に投票した人が三十万人以上いました。奉行などを選ぶ選挙でしょう。おそらく三十年もの歳月が過ぎてしまえば、この人たちの大半はこの世になく、これを受け継いでその職で働く人は、ほかでもなく、現在はこの州内にあって一万人の教師に従い学問の始まりの時点で教えを受けている児童たちでしょう。

私たち国民は、すべての人々のためにある法律によって国家を形成し、それが国にとっては、ひじょうに大きな利益をもたらしています。ところが、この国の利益をつくる大本は、ただこの法律の一文のみではなく、ほかにも大事な善い行いがあるのです。その大事なものとは何かというと、愛情深い母の教育が正にそれなのです。政府が人民に対して広い心をもってゆとりある政治を行ったとしても、議会がよい法律を定めて適切に運用したとしても、国を治める人格者が経済のために知恵を使って駆け引きを行ったとしても、国に忠節を尽くす人がその恩に報いるために命を投げ出したとしても、その国に実際に利益をもたらすかどうかで考えると、母が子に教える善い行いには遠く及びません。

将来、もしもアメリカ合衆国の共和政治のもとに育った人々が、先代の人たちの富や強さを受け継いで、名実ともに恥ずかしくない人々であったならば、この人たちは間違いなく母の賢く正しい心と、豊かな知識によってそのような人になったのでしょう。まず人に優しくする気持ちと温和な心を持たせ、それを習慣として、慎み深く孝行するという教えによって正しい方向に導き、人類の

(2) **人間交際** 「じんかんこうさい」と読む。英語のsocietyに対する訳語として福澤が用いた言葉。今日では、「社会」に相当する。

役目を教え込み、万物の中でもっとも優れた生き物としての責任を明らかにし、それらによって立派な徳を持った人となる方法は、ただ愛情深い母の養育によって得られるものです。

このように母の教育は、その子の生まれながらに備わっているすぐれた性質を導き、混じりけがなく純粋で、神の仕業のように細やかで巧みなものというべきものでしょう。母の教えに次いで効き目があるのが学校の教師の教えです。その善い行いも決して小さくないものです。今、この国で学校が毎年、千校という数で増加しています。それらの学校にいて教える人が、皆すべて博識のある人で、無気力な儒学者のようなところがなく、つまらない議論に迷わされることなく、真理の中身を理解し、真理を尊重し、その教えを好み、担当する仕事を成し遂げて、主義主張を守り通し、その徳によって国民の教育を盛んにすれば、その教えを受けた人々の広がりは、実にかぎりなく大きなものとなるでしょう。

福澤諭吉　訳

明治二年 己巳《きし・つちのとみ》 八月

凡例

一《ひとつ》　この本は世間にある翻訳書とは様子が異なりますが、実際はすべて英吉利《いぎりす》、亜米利加《あめりか》で出版している地理書や歴史関係の本を集め、その中で重要な部分だけを誰にでもわかりやすく訳したもので、私の創作は少しも混ざっていません。

一　西洋には年号がありません。その国の宗教の教えが新たに変わった年を元年と定めて、明治二年(1)は、その一八六九年に当たります。

一　物の数は一、十、百、千、万、十万、百万、千万、一億、十億、百億と十倍ずつの位で、次第に数え上がります。

一　英国の一里(2)は、千七百六十「やあるど(3)」で、一「やあるど」は日本の三尺(4)余りです。したがって、その一里は日本の十四丁(5)四十間(6)余りにあたります。英国の地理で使う里の単位(7)は少し長く、その一里は二千二十五「やあるど」にあたります。つまり南北の緯度の一度を六十に分けて、その一つ分の長さです。

一　地名、人名などは、西洋の横文字を読んで、ほぼその音に近い漢字をあてることになるため、昔から翻訳者が思い思いに色々な文字を使い、同じ土地でも二つも三つもその名があるのと似たようなことになっています。また、中国人の翻訳書をみて、その訳した字を真似しているものもあります。これは中国の文字の中国語読みによって西洋の文字にあてたため、中国語読みに詳しい学者たちにはわかるに違いありませんが、私たちには少しもわかりません。そこで、この本の中では、できるだけ日本人にわかりやすい文字を使うようにしています。実は、ひらがなばかりを使っても済

(1) **明治二年**　『世界国尽』の出版された年。

(2) **英国の一里**　一マイルのこと、一マイルは約千六百メートル。

(3) **やあるど**　ヤードのこと、一ヤードは約九十一・四センチメートル。

(4) **三尺**　一尺は約三十センチメートル。

(5) **十四丁（町）**　一町は約百九メートル　六十間。

(6) **四十間**　一間は約一・八メートル　六尺。

(7) **英国の地理で使う里の単位**　海里のこと、航海や航空用に使われる距離の単位、一海里は約千八百五十二メートル。

むはずですが、漢字で書いて脇にかなを付ければ記憶する時に便利です。例えば南亜米利加の「ぺいりゆう」というところへ平《ぺい》柳《「りう」》と記してあれば、勘平《かんぺい》(8)の平《ぺい》の字と楊《よう》柳《「りう」》の柳《りゆう》の字であると記憶して覚えやすいでしょう。「りう」と「りゆう」との違いなどはいうまでもなく論じるに足りないものです。弁軽《べんがる》の弁の字は弁慶の弁の字です。論頓《ろんどん》の論の字は『論語』の論の字です。たいていこのやり方で訳す字を決めましたが、多くの翻訳書の中で普通に使われている文字は、無理はあってもそのまま使って脇にかなを付けたので、読者はその漢字を当てにせずにかなの方を記憶してもいいでしょう。

一　ここ数年までは、日本人も英文を読むことができず、和蘭《おらんだ》の書物だけを翻訳していたのですが、地名も蘭人のいい方と英人のいい方とは同じではないため、訳した字が以前とは同じでないものがあります。例えば、昔、蘭書の翻訳文の中には窩々所徳礼幾《おおすてんれいき》と書かれたものが今は墺地利《おうすとりあ》といい、むかしの独逸《どいつ》を今は日耳曼《ぜるまん》というようなものは、事実という点では変わることがありません。ただ、ここ最近は英書が流行なので英国のいい方に従うだけです。

一　地名、人名、海、河川などの名前には、その文字の上下に「」のような印をつけて区別をしました。

一　本文中、「はひふへほ」のかな文字に円い濁点を付けて、「ぱぴぷぺぽ」と書いたところがあります。これは、「はひふへほ」ではなく、また「ばびぶべぼ」でもなく、のっぺらぽうなどという「ぺぽ」の音です。

(8)　**勘平**　人形浄瑠璃の仮名手本忠臣蔵の登場人物早野勘平を指す。

頭書大全　世界國盡　亞細亞洲　一

一の巻　亜細亜洲

世界の人々のこと

世界の広さは、英吉利《いぎりす》の一里①四方を一坪とすると、およそ二億の坪数（約五億一千万平方キロメートル）があります。これを四つに分けると、その内三つ分は海となり、一つ分が陸地です。つまり、人の住んでいる陸の広さは、五千万坪（約一億五千万平方キロメートル）になります。ただし、英吉利の一里は日本の十四町四十三間にあたります。

世界中に住む人間の数は、およそ十億人に届こうとしています。国々の風土によって顔の色も同じではなく、賢さや愚かさもまったく同じではありません。人間の種別を五つに分けて、世界中のそれぞれの人口を示すと次の通りです。

欧羅巴《ようろっぱ》の人種は肌の色が白く、その数は四億二千万人です。

亜細亜《あじあ》の人種は肌の色が少し黄色で、その数は四億六千万人です。

亜米利加《あめりか》の山間部に住む人種は肌の色が赤く、その数は一千万人です。

世界国尽《せかいくにづくし》

発端《ほったん》

世界は広し　万国は　おおしといえど　大凡《おおよ》そ　五つに分けし　名目《みょうもく》①は　「亜細亜《あじあ》」「阿非《あふ》利加《りか》」「欧羅巴《ようろっぱ》」　北と南の　「亜米利加《あめりか》」に　堺《さかい》かぎりて　五大洲　大洋洲《たいようしゅう》は　別にまた　南の島の　名称《となえ》なり。　土地の風俗　人情も　処《ところ》変われば　しなかわる。　その様々を　知らざるは　人のひとたる　甲斐《かい》もなし。　学びて得《う》べき　ことなれば　文字《もんじ》に遊ぶ　童子《わらわべ》へ　庭の訓《おし》え②の　事始《ことはじめ》　まず筆とりて　大略《あらまし》を　しるす所は

阿非利加《あふりか》の人種は肌の色が黒く、その数は七千万人です。大洋洲《たいようしゅう》の島々に住む人は肌の色が茶色で、その数は四千万人です。

亜細亜洲のこと

亜細亜の土地の広さは千五百五十五万坪（約四千五百万平方キロメートル）、人の数は六億人と、五大洲の中では一番の大洲です。

広い亜細亜の中には人の種類も色々あるけれども、蒙古《もうこ》人の種族が最も多くいます。あるいは、これを亜細亜人種といいます。気候も北方の志辺里屋《しべりや》のあたりは、ひじょうに寒く、天竺《てんじく》の南に行きつけば赤道に近く、たいへん暑くなります。鳥、獣《けもの》や草木もこれにならって異

①英吉利の一里　一マイルのこと。一マイルは約千六百メートル。福澤が一坪と例えている英吉利の一里四方は、約二・六平方キロメートルになる。

亜細亜洲

円《まろ》き地球の　かよい路《じ》(3)は　西の先にも　西ありて　まわれば帰る　もとの路《みち》　環《たまき》の端《はし》の　際限《かぎり》なき　「大平海《たいへいかい》」の　西の方《かた》　「亜細亜洲」の　東なる　我《わ》が「日本《にっぽん》」を　始めとし　西のかたへと　乗り出《い》だし　その国々を　尋《たず》ぬるに　「支那《から》」は「亜細亜」の　一大国《いちたいこく》　人民おおく　土地広く　みなみに「印度《いんど》」　北に「魯西亜《ろしあ》」　東のかたは「大平海《たいへいかい》」　瀬戸(4)を隔《へだ》て丶　日本国　九州肥前《ひぜん》の　長崎より　「支那」の東岸《ひがし》の　「上海《じょうかい》」へ　海路《うみじ》僅《わず》かに　三百里　蒸気船の

（1）**名目**　名前。呼び名。（2）**庭の訓え**　庭訓。家庭の教訓。家庭教育。（3）**かよい路**　いつも通る道。航路。（4）**瀬戸**　海峡。

なっています。
○支那《から》の広さは、五百二十万坪（約千四百万平方キロメートル、現在の中国は約九百六十万平方キロメートル）、人口は四億人、都の名を北《ほく》京《きん》といいます。国中の男は皆、けし坊主①と呼ばれる髪型をしています。初めて見る人には、その姿が風変わりに見えるかもしれません。

支那の産物は絹布《きぬもの》、木綿、瀬戸物、そのほかに象牙《ぞうげ》細工など、小間物が多くなっています。とりわけお茶はこの国の名産で、毎年外国へ積み出すこと、およそ一億斤《きん》（約六万トン）に近いといいます。欧羅巴《ようろっぱ》、亜米利加《あめりか》には茶園がありません。その国々の人の使う茶は支那と日本より積み出した品なのです。

支那は、古い国であって、昔は、おどろくほどの事業を成し遂げた人もいます。北京から南の方向の杭州《こうしゅう》府までを結ぶ大運河は長さ三百里（約千百七十キロメートル、全長約千八百キロメートル）あまりあります。北の方向には万里

旅なれば　十日の暇《ひま》を
費やして　往《ゆ》きて帰る
に　余りあり。南に
まわり　「香港《ほんこん》」は
「英吉利《いぎりす》」領の　一孤《はなれ》
島《じま》　島にひらきし　新《しん》
みなと　商売繁昌《はんじょう》
土地にぎわい　東洋一の　港なり。そも〱
「支那《から》」の　物語　往古陶虞《むかしとうぐ》の　時代①より　年
を経《ふ》ること　四千歳《しせんざい》　仁義五常②を　重んじて
人情厚き　風なりと　その名も高く　聞こえし
が　文明開化　後退去《あとずさり》　風俗次第に　衰《おとろ》えて
徳を修めず　知をみがゝず　我より外《ほか》に　人な
しと　世間知らずの　高枕《たかまくら》③　暴君汚吏《おり》④の　意
にまかせ　下《しも》を抑《おさ》えし　悪政の　天罰遁《のが》るゝ

の長城という長い土堤《どて》があります。その高さは、一丈五尺から三丈（四・五メートル〜九メートル）、谷にまたがり山を越えて、六百里（約二千三百四十キロメートル、現存部分）の長さに及びます。今日では、いうまでもなく修復されないまま崩れ放題になっていますが、珍しい古跡として西洋人は時々見物するそうです。この長城は二千年前、秦《しん》の始《し》皇帝《こうてい》が胡《えびす》②の侵入を防ぐために築いたものです。

今より二千三百年前、支那に孔子《こうし》という人がいました。名高い学者であって門下の弟子も多く、孔子の書いた本も次から次へと後世に伝わり、支那はもちろん、日本でも孔子のことを聖人といって尊敬しています。

支那の政治の仕組みは、西洋の言葉で「ですぽちつく③」というもので、ただ上に立つ人の思い通りに事が進む状態のため、国中の人は皆、いわゆる奉公人の根性になり、「帳面前さえ済めば一寸のがれ④」という考えで、本当に国のためを思う者がなく、遂に外国から軽くみられるようになってしまいました。既に天保《てんぽう》年間、英吉利《いぎりす》に打ち負かさ

①**けし坊主**　弁髪のこと。頭頂にだけ毛を残し周りを剃りあげた男性の髪型。中国清朝の風習。②**胡**　北方の異民族。匈奴。③**ですぽちつく**（despotic）　独裁的な。専制的な。④**帳面前さえ済めば一寸のがれ**　「帳面前」は帳面に記した状態。表向きさえ良ければ、その場を取り繕って責任をのがれること。

ところなく　頃は天保《てんぽう》　十二年　「英吉利国」
と　不和を起こし（5）　唯《ただ》一戦に　打ち負けて　和《わ》
睦《ぼく》願いし　償《つぐな》いは　洋銀二千　一百万　五処
の港を　うち開き　な
おも懲《こり》ざる　無智の民
理もなきことに　兵端《へいたん》
を　妄《みだ》りに開く（6）　弱兵
は　負けて戦い　また
負けて　今のすがたに
成り行《ゆ》きし　その有様
ぞ　憐《あわ》れなり。
「亜細亜《あじあ》」の南　一

（1）**陶虞の時代**　陶は「陶唐氏《とうとう》」の略で堯《ぎょう》、虞は「有虞氏《ゆうぐ》」の略で舜《しゅん》を指す。中国伝説上の王である堯と舜の時代のこと。（2）**仁義五常**　儒教の教えで人が常に守るべきとされる五つの徳、仁・義・礼・智・信。（3）**高枕**　安心しきって眠ること。（4）**汚吏**　不正なことをする役人。（5）**「英吉利国」と不和を起こし**　一八四一（天保十二）年のアヘン戦争。（6）**兵端を開く**　戦いを始める。

鴈《がん》寺洲河の景

れた時も、賠償《ばいしょう》金を払った上に香港《ほんこん》の島を英吉利《いぎりす》に渡し、広東《かんとん》、厦門《かもん》、福州《ふくしゅう》、寧波《ねいは》、上海《じょうかい》の五か所の港を無理に開かせられ、その後も始終、外国人にふみつけられているようです。

○前印度《ぜんいんど》と後《こう》印度とは雁《がん》寺洲《じす》という河を境界としています。この河のほとりに阿羅波婆土《あらはばど》という釈迦《しゃか》の霊地があります。今日でも毎年あちこちから参詣《さんけい》の人が二十万人以上あるといいます。

〔前〕後印度のことを西洋人は「ひんどすたん」といいます。大半は、英吉利領になっています。ただ、その北の方に独立国を唱え、英国の支配を受けていないものが二、三国あるのみです。〔後〕前印度も西の方は英国の支配下になっています。

満落花《まらっか》の南の端に新賀堀《しんがぽうる》という小島があります。英吉利領の港で、諸国の船が立ち寄る所になっています。

〔前〕後印度の南の端にも西論《せいろん》という島があります。同じく英

面の 海に臨める

「印度地《いんど》」は 西と東

に 区別して 西なる

方《かた》は 〔前〕「後《こう》印度」 東の

方は 〔後〕「前《ぜん》印度」 こゝ

に名高き 国々は

「暹羅《しゃむ》」「安南《あんなん》」「尾留《びる》

満国《まこく》」 その又北に 「西蔵国《さいぞうこく》」 政府をたてし

国なれど 人気《じんき》(1)陋《いや》しく 文字《もんじ》なく 西洋人の

侮《あなど》りを 受けておそるゝ 計《ばか》りなり。「暹羅」

と「尾留満」の あいだより みなみに長き

「満落花《まらっか》」は 「須磨多良島《すまたらじま》」と 相対《あいたい》し 東西

僅《わず》か 二十余里 間《あいだ》の海を 「満落花」の 瀬

戸と名づけて 万国の 船の往《ゆ》き来《き》も 賑《にぎ》わし

く 瀬戸を出《い》ずれば 「印度海」 北へ向かって

軽骨田奉行所の景

国領で良港があります。この島は釈迦誕生の場所であるといわれています。

印度の産物は材木、米、麦、砂糖《さとう》、蜀黍《もろこし》、麻、藍《あい》、煙草《たばこ》、胡椒《こしょう》、阿片《あへん》①、黄金《おうごん》、鉄、銅《あかがね》、珠玉《たま》の類、さらにこの地域は春夏秋冬の区別がない暖かい国で色々珍しい果物が多くとれます。生息する獣《けもの》は、獅子《しし》、犀《さい》、象、虎、また恐ろしい大蛇、蟒《うわばみ》②なども山にいるようです。

○辺留社《ぺるしゃ》は古い国ですが、元来人の気性は粗く、政治上のことは乱暴で、庶民《しょみん》に対する扱いが良くないため、国の力が次第に衰え、今日では、文武ともに盛んにはならず、一八一三（文化十）年と一八二八（文政十一）年に魯西亜《ろしあ》と戦い、二度とも敗北して多くの土地を失いました。最近は、英国と交流し、英国の士官を雇《やと》って軍備を整えているようです。

○荒火屋《あらびや》は大国ですが、砂漠といって果てしなく広い砂原があり、その上、気候は暑く雨は少なく、人が住むには適していない土地で

①阿片　ケシの実から採れる麻薬。②蟒　熱帯地方に棲《す》む大蛇。

「弁軽《べんがる》」の　入海《いりうみ》(2)深く　入《い》りこめば　「小栗《おぐり》」の
河の　東岸に　開きし都は　「軽骨田《かるこった》」「英吉《いぎ》
利《りす》領」の　惣奉行《そうぶぎょう》(3)「印度」地方を　支配して
軍艦《ぐんかん》商船　数多く　「亜細亜《あじあ》」諸国に　「英吉
利」の　威勢《いせい》かゞやく　みなもとは　前後印度
の　領地とぞ。
「印度」の西の　国々は　「阿芙賀仁須丹《あふがにすたん》」
「土留喜須丹《とるきすたん》」　みなみの端《はし》の　「尾留知須丹《びるちすたん》」
独立国の　名あれども　風俗粗《あら》き　夷狄《えびす》(4)のみ。
西に進みて　「辺留社《ぺるしゃ》」は　世にも所謂《いわゆる》　古国《ここく》
なり。紀元以前　六百年　「白洲王《しらす》」と　いえ
る君　隣《となり》の国を　ほろぼして　武威《ぶい》を「亜細
亜《あじ》」に　轟《とどろ》かし　次《つ》いで二千　有余年　時代

(1)人気　その地方一般の気風。(2)入海　湾。(3)惣奉行　総督。(4)夷狄　辺境未開の人々。

す。しかし平地には草木がよく生長しています。産物は薬種、果物、ゴムの類が多くあります。生息する獣《けもの》は、馬や駱駝《らくだ》で、とりわけ「あらびや」の馬は既に日本にも渡ってきており、世界の中でも名馬です。この国は生活習慣が良くなく、盗賊も多いため、国の人々が広い砂漠を越えて旅をする時には、大勢で駱駝に乗り、武器を携《たずさ》えて通行するということです。

○土留古《とるこ》の領土は、欧羅巴《ようろっぱ》と亜細亜《あじあ》との二大洲にまたがり、地中海と黒海との間の瀬戸を境としています。そのため亜

移り　物かわり　一時
「蒙古《もうこ》」に　攻め取ら
れ(1)　千五百年の　ころ
にまた　政府一度《ひとたび》　改
まり　「富肥《ふうひ》」の世(2)と
ぞ　唱えける。
「辺留社」の　入海《いりうみ》
へだて　西のかた　砂漠《すなはら》広き
「荒火屋国《あらびやこく》」　南
の方《かた》に　「荒火屋海」　北は　「土留古《とるこ》」に　堺《さかい》
して　西は　「亜細亜」の　陸《みち》の辺《はて》　彼岸《かなた》望めば
「阿非利加洲《あふりか》」　中《なか》をへだつる　「西紅海《せいこうかい》」　海の
南の　地続《じつづ》きは　「末洲《すえす》」の地峡《ちきょう》(3)と　名も高き
百里ばかりの　鉄道の　北に出《い》ずれば　「地中
海」　「亜細亜」「阿非利加」「欧羅巴《ようろっぱ》」　三国《さんごく》
堺《さかい》の　中《なか》の海　海のひがしは　「小亜細亜」

細亜の側にある飛び地を亜細亜土留古といい、欧羅巴の側にある本領を欧羅巴土留古というのです。今日では、土留古の政治が監督できていないため、飛び地の領土には度々騒動があるようです。

○魯西亜《ろしあ》も欧羅巴と亜細亜との地続きであって両方に領土があります。二大洲の境は宇良留山《うらるさん》です。志辺里屋《しべりや》には馴鹿《じゅんろく》①という鹿がいて馬の代わりに使われています。また、犬の一種があり、これも牛馬のように車を引くといいます。

志辺里屋は土地が広いけれども人は少なく、三百万人に過ぎません。先住民は狩りを職業としています。また宇良留山の

嘉無薩加の景

①馴鹿　トナカイ。

「尻屋《しりや》」「雨仁屋《あめにや》」「羽礼須多院《はれすたいん》」 惣名《そうみょう》「亜細亜 土留古」とて 「土留古」の国の 領地なり。

「志辺里屋《しべりや》」は 「亜細亜」の北に ひろがりて 西は「宇良留《うらる》」の 麓《ふもと》より 東の辺《はて》は「亜米利加《あめりか》」へ 近くむきあう 瀬戸の水 みなみは「支那《から》」に さかいして 北は辺《はて》なき 北極海 東西一千五百余里 南北凡《およ》そ八百里 「魯西亜《ろしあ》」の

馴鹿《ぢゆんろく》橇《そり》を引《ひき》て氷《こほり》を渡《わた》る

(1) **一時「蒙古」に攻め取られ**　十三世紀のチンギス・ハンによる西アジア征服。(2) **「富肥」の世**　中国語でイスラム教を回回（huihui）教といったので、イスラム教の世の中となったという意味か。(3) **地峡**　二つの大きな陸地を結ぶ幅の狭い陸地。当時はまだスエズ運河は開通していなかった。

周辺には金銀の出る山が多く、魯西亜《ろしあ》の本国から罪人を移して大量の金を掘り出しているといいます。志辺里屋《しべりや》の産物は獣皮《かわ》です。売買城《ばいばいじょう》での売り買いに皮を持って行き、支那の反物や瀬戸物と交換するといいます。

嘉無薩加《かむさっか》の港を「ぺいとろぽろすき」といいます。ここより東の方向に行くと魯西亜領から亜米利加へ海上を行き来する距離は、ひじょうに近くなっています。

魯西亜の政府は昔から領土を広げることに絶えず努力しており、近年はまた満州の土地を取って、黒竜江《こくりょうこう》の周辺を集中して開発し、軍艦も始終碇泊《ていはく》して、河には小型の蒸気船を浮かべて運送の便を良くしています。

領地の　広大は　世界万国　比類なし。こゝに名だかき　奉行所は(1)　西国筋《さいこくすじ》に　「戸保留須喜《とぼるすき》」　東国筋に　「伊留久須喜《いるくすき》」　南境《みなみさかい》の　「喜《き》阿久田《あくた》」は　「売買城《ばいばいじょう》」に　隣《となり》して　「支那」と「魯西亜」の　産物を　互《たが》いに易《か》うる　交易《こうえき》場《ば》　東へ廻り　「黒竜江《こくりょうこう》」　江尻《えじり》(2)に建てし　「仁《に》古来府《こらいふ》」　我《わ》が日本の　蝦夷地《えぞち》(3)より　煙《けぶり》も見ゆる　隣国《となりぐに》　東のかたは　「御子突海《おこつきかい》」　海に突きだす　「嘉無薩加《かむさっか》」　「亜細亜《あじあ》」　の東　はてにけり。

（1）**奉行所**　統治する役所。（2）**江尻**　河口。（3）**蝦夷地**　北海道。

解説

福澤が見たアジア——シンガポールと漂流人《ひょうりゅうにん》音吉

福澤のシンガポール寄港

福澤諭吉が、「満落花《まらっか》の南の端に新賀堀《しんがぽうる》という小島あり。英吉利《いぎりす》領の港にて諸国の船の立ち寄る所なり」と書いたシンガポールに自ら足を踏み入れたのは、江戸時代も終わりに近づいた一八六二（文久二）年のことです。幕府は、ヨーロッパ各国と約束した開港の延期を交渉するために使節団を派遣《はけん》しました。福澤は、初めてアメリカに渡った時は、軍艦奉行《ぐんかんぶぎょう》木村摂津守《せっつのかみ》の従僕ということで咸臨丸《かんりんまる》に乗船しましたが、今回は、幕府から正式に命を受けた使節団の通訳としてシンガポールに立ち寄ったのです。福澤がヨーロッパに渡った時の日記は『西航記《せいこうき》』の名でまとめられています。この日記によれば、使節団を乗せた英国軍艦ヲーヂン号は、この年の一月一日（旧暦）に長崎を出港し、香港を経由して一月十九日、シンガポールに到着します。

福澤は、『西航記』の中で、シンガポールを次のように紹介しています。

「此地、気候常に熱し。大抵《たいてい》八十三、四度なり。草木よく繁殖《はんしょく》して、四時落葉なし。土人冬を知らず。新嘉坡《しんがぽうる》も英国の所轄《しょかつ》に係《かか》る。人口十万計《ばかり》にして人種三に別《わか》る。第一、土人三万口、第二、欧羅巴《ようろっぱ》人二万口、第三、支那《しな（から）》人五万口、最も多しとす。蓋《けだ》し支那人の此地に移住するもの多きは、当今《とうこん》本国の乱を避《さ》くるなり。」

八十三、四度は、華氏という単位による温度で、私たちの使う摂氏にすると二十八、九度ほどになります。土人とは先住民の意味で、シンガポールではマレー半島に住むマレー人に当たり、支那人とは、中国人を指します。福澤が上陸した時、シンガポールはイギリス領でした。その歴史は、福澤の旅から四十三年さかのぼる必要があります。

シンガポールの成り立ち

十九世紀の初め、ライオンの町という意味のシンガポールは、マレー半島を治めたジョホール王国の領土で、ジャングルに覆《おお》われた人口わずか百五十人ほどの島でした。この島に目をつけたのが、イギリス東インド会社の職員だったスタンフォード・ラッフルズです。東インド会社はイギリス政府から、アジア貿易の独占権を認められ、軍隊を持つ強大な組織でした（当時、東インドとはアジア側を、西インドとは南北アメリカ側を指していました）。その時代の船では、アジアの大国インドと中国を直行することはできず、途中で水や食糧を補給するための港が必要でした。ラッフルズは、その港として最適の場所をマレー半島の南端に見つけ、上陸しました。一八一九年一月のことです。ラッフルズは、ジョホール王国の王位継承《けいしょう》争いを利用して、シンガポールを東インド会社の領土とする条約を結びました。ここから、イギリス植民地としてのシンガポールが始まります。東南アジアのほとんどは、イギリス、オランダ、フランスなどのヨーロッパ列強の植民地となり、その先にある中国、日本にも、植民地化の危機が迫る時代でした。ただ一つ、シンガポールが他のアジア植民地と異なる点は、もともとこの土地に住んでいる人がほとんどいなかったことです。そのために、支配する側（ヨーロッパ人）と支配される側（先住民）との争いが起きませんでした。このことは、シンガポールのその後の発展に大きな力となります。

ラッフルズは、シンガポールをどの国の船も無税で利用できる自由貿易港としました。その結果、シンガポールは、世界各地の船が立ち寄る港となり、またたく間に東南アジア有数の商業都市として

福澤が訪れたころのシンガポール港
（山口一夫『福澤諭吉の亜欧見聞』福澤諭吉協会，1992年，117頁）

栄えるようになります。そして、仕事を求めてマレー人や中国南部に住む中国人、インド人が大量に移り住むようになりました。そうした移民たちの一人、中国上海から十日ほど前に移り住んできたという変わった経歴の持ち主が、シンガポールに上陸した幕府の使節団を訪ねてきました。

漂流人音吉

「旅館にて日本の漂流人音吉なるものに遇《あ》へり。」

『西航記』は、この一文に続いて、音吉という男がここに至るまでの様子を簡潔にまとめています。日本から遠く離れたシンガポールで日本人に出会って驚く福澤たちに、音吉が経緯を話したのでしょう。私たちも福澤と同様、シンガポールから離れて音吉の波乱に満ちた半生をたどってみましょう。

音吉は、尾張国《おわりのくに》（今の愛知県）知多郡小野浦村の船乗りでした。一八三二（天保《てんぽう》三）年のこと、十四歳の音吉はじめ乗組員十四人と多くの積荷をのせ鳥羽港から江戸に向けて出港した宝順丸は、強風と高波によって遭難《そうなん》します。村人は、船員は皆、死んだと思い、村に墓が建てられました。しかし、音吉と岩吉《いわきち》、久吉《きゅうきち》の三人は、奇跡的に生きながらえ、十四か月もの間、漂流してアメリカの太平洋岸にたどりついたのでした。太平洋を越えて、日本人が流れ着いたというニュースはすぐに広まり、これを耳にしたイギリスのハドソン湾会社の太平洋岸総責任者マクラフリンは、アメリカ先住民によって保護された三人を引き取りました。当時の日本は、外国との交易を限られた国に限定する鎖国政策をとっており、マクラフリンは、この三人を日本に返すことをイギリスと日本の交易開始に利用しようと考えたのです。音吉たち三人は、サンドウィッチ諸島（現在のハワイ諸島）、ケープ・ホーン（南アメリカ南端）を経由して、ロンドンへと送られました。音吉たちは、ロンドンでの十日間をテムズ川の船上で過ごしましたが、一日だけ上陸を許されてロンドンの街を歩きました。音吉たちは、おそらくロンドンの土を最初に踏んだ日本人となりました。その後、三人は再び船に乗り、アフリカ南端のケープ・ホープ（喜望峰《きぼうほう》）を周ってマカオへと向かいました。マカオは、当時、中国（清王朝）の中で唯一、ヨーロッパ人の居留地がある港町でした。この後、マカオはポルトガルの、そして香港はイギリスの植民地となり、二〇〇〇年の直前に中国に返還されるまで植民地時代が続きます。さて、マカオに着いた三人は、中国語通訳官で熱心なキリスト教の宣教師でもあるチャールズ・ギュツラフのもとに預けられました。ギュツラフの残した手紙には、彼の日常を伝える次のような文があります。

「九時半から十二時、二、三人の日本人の助けにより新約聖書の日本語翻訳《ほんやく》に従事。」

音吉たちは、ギュツラフが日本にキリスト教を布教するために取り組んだ、聖書の和訳の仕事を手伝ったのでした。こうして、聖書のうち「ハジマリニ　カシコイモノゴザル」で始まる「ヨハネによる福音書」と「ヨハネの手紙」の和訳（全文カタカナ）が出来上がりました。一八三六年に完成し、翌年出版されたこの「ギュツラフ訳聖書」は、残念ながら日本で使われることはありませんでしたが、現存する最古の和訳聖書の訳者として、音吉たち漂流人を歴史の表舞台に立たせたのでした。

一八三七（天保八）年、音吉たちを乗せた帆船モリソン号が江戸に向けて出航しました。五年ぶりに帰国できる喜びを一瞬で打ち消したのは、故郷日本の丘からモリソン号に向かって発射される大砲の音でした。当時の日本は、鎖国の上に、いわゆる異国船打払令が出され、長崎に入港する中国船、オランダ船以外は、すべて撃退することになっていたのです。江戸湾を離れたモリソン号は、次に寄港した鹿児島でも同じ目にあって、三人は帰国をあきらめざるを得なくなりました。こうして、マカオに戻った三人は、漂流人としてではなく、移民として、それぞれの生活を歩み始めます。

音吉は上海に移り住み、イギリス系移民の子でシンガポール生まれの妻と三人の子どもとの家庭を築き、イギリス商館で働きます。そして、日本を二度も訪れているのです。一度目は、イギリス軍艦マリナー号にイギリス服を着た中国人通訳「林阿多《りんあとう》」として乗船し、浦賀、下田に来航しました。二度目は、イギリス極東艦隊の通訳として長崎にやってきました。この時、日本は、アメリカのペリー提督と日米和親条約を結び（一八五四〔安政元〕年）、開国の道を開いたばかりでした。もはや音吉は、名前を隠すこともなく、尾張国出身の船乗りだったことを公言しました。イギリス司令官と長崎奉行の会見では、通訳として立ち合い、長崎の街に上陸しました。音吉を一目見ようと、多くの人が見物に来ました。日本の役人たちは、音吉を引き取ろうとしますが、彼は上海にいる妻、子どもを見捨てるわけにはいかないと、この申し出を断りました。その後、しばらくの間、音吉は上海で暮らしますが、やがて妻の生まれ故郷シンガポールへの移住を決めます。こうして、シンガポールに到着したのが、福澤に会うわずか十日ほど前のことだったのです。

福澤と音吉

福澤は、音吉の話を聞くうちに、あることに気づきました。

「余仔細《しさい》に其面色《そのめんしょく》を認《みとむ》るに、嘗《かつ》て見ることある者の如《ごと》し。」

福澤が長崎に一年ほど遊学していた時期と音吉がイギリス軍艦に乗って長崎にやってきた時期は、重なります。福澤は、会見立ち合いのため上陸した音吉の姿を人混みの中から見ていたのでしょう。

この後、福澤たち使節団からの質問に答えたのか、音吉は中国の混乱する様子を語ります。その話は、その後のヨーロッパでの見聞とあわせ、文明の発達したヨーロッパによるアジア植民地化の波に日本も呑み込まれるのではないか、という福澤の危機感につながるものであったと想像できます。

林阿多（音吉）
（『海防彙議補』国立公文書館蔵）

福澤は、帰路もシンガポールに立ち寄りますが、音吉と会うことはありませんでした。一方、音吉は、福澤に会った二か月後、そして二年後にもヨーロッパに向かう日本の使節を迎え入れます。音吉の家に案内された使節は、その豊かな生活ぶりに驚いたというような記録があります。その後、イギリス名ジョン・M・オトソンを名乗った音吉は、歴史の表舞台から姿を消し、シンガポールでその生涯を閉じます。

後に一身独立を説いた福澤と、すでに日本国から独立した身となっていた音吉との出会いの場となったシンガポールもまた、この後、統治国イギリスと、地域として一体のマレーシアから独立する道を歩みます。

シンガポールのその後

第二次世界大戦に参戦した日本は、一九四二年二月にシンガポールを攻撃し、イギリス軍の降伏により、シンガポールを占領します。終戦まで続く日本による統治の時代は、反日運動を展開する中国系住民（華人）を中心に厳しい弾圧を受けるなど、シンガポールにとって重苦しい三年間でした。終戦とともにフィリピン、インドネシア、ベトナムなどの国々では、植民地から脱しようと独立運動が起こりますが、シンガポールの人々はイギリスへの復帰を歓迎したのでした。シンガポールが国民投票による支持を受けて、マレーシアの一州となり、イギリス植民地時代を終えたのは、一九六三年のことです。しかし、その直後から、マレーシア中央政府とシンガポールの指導者であるリー・クアンユーの間には深い対立があり、シンガポールは、わずか二年でマレーシアから分離独立する道を歩むことになります。

現在のシンガポール
（Photo by ©Tomo. Yun　http://www.yunphoto.net）

両者の対立は、マレーシアがマレー人を中心とした社会であるのに対し、シンガポールは華人が多数を占め、国家のあり方に大きな違いがあったこと、シンガポールは経済発展がめざましく、マレーシアの一州であるには経済規模が大きくなりすぎたことなどが要因でした。とはいえ、水資源も農村もないシンガポールは、マレーシアに水や農産物の供給を頼っており、東京二十三区ほどの面積しか持たない小さな国の独立は、必ずしも喜ばしいものではありませんでした。独立国家の初代首相となったリーは、人民行動党による一党支配で政治を安定させ、国家主導と外国資本の導入によって経済開発を最優先させる政策をとってきました。その結果、シンガポールは、貿易産業から重化学工業、金融業・サービス業と主要産業を拡大しながら、めざましい発展を遂げ、世界有数の豊かな国となりました。そして、リーが一九九〇年に退任した後も、その政治経済に対する方針は大きく変わらずに受け継がれ、シンガポールの発展を支えています。

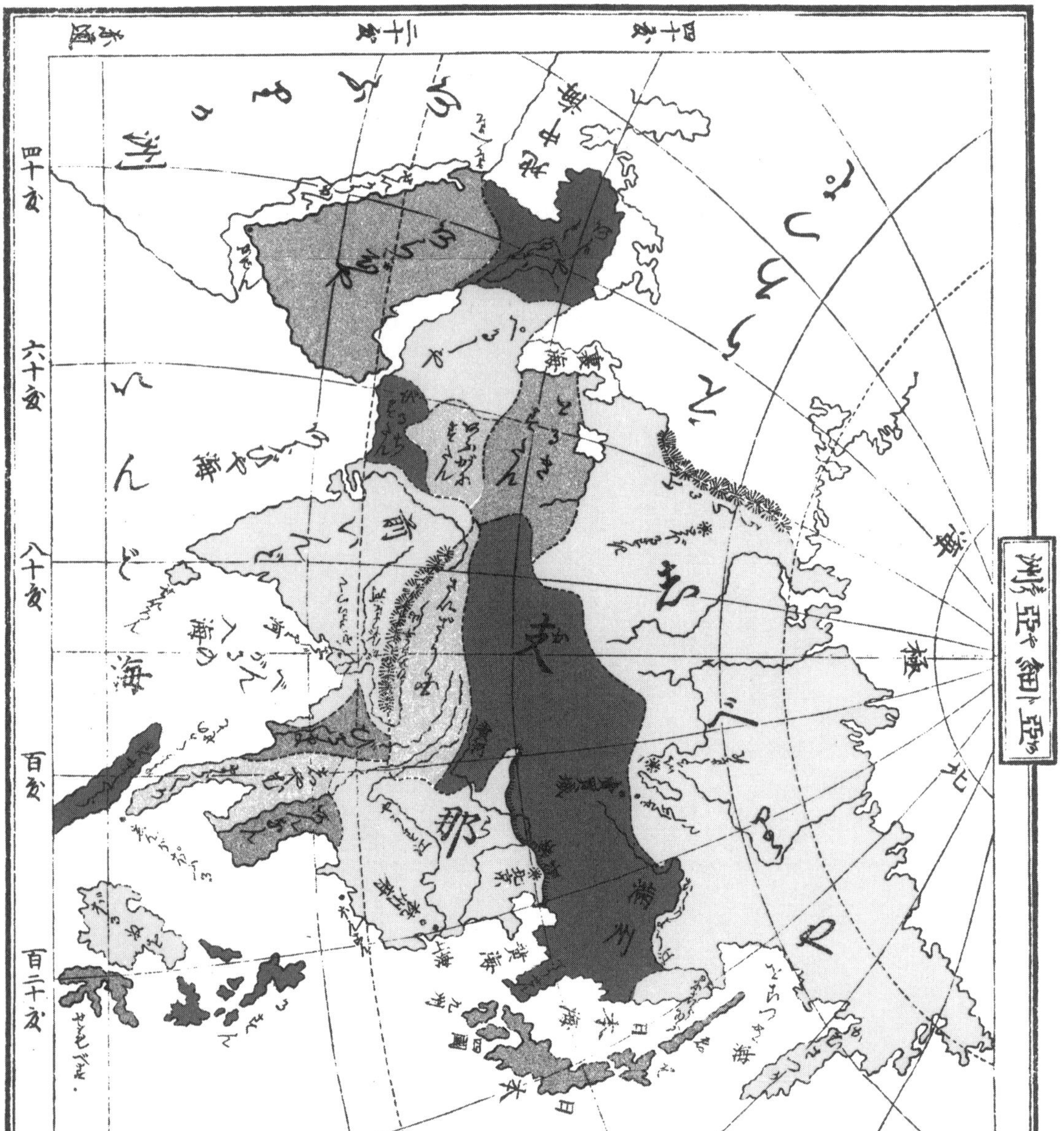

亜細亜洲
北極海
太平海

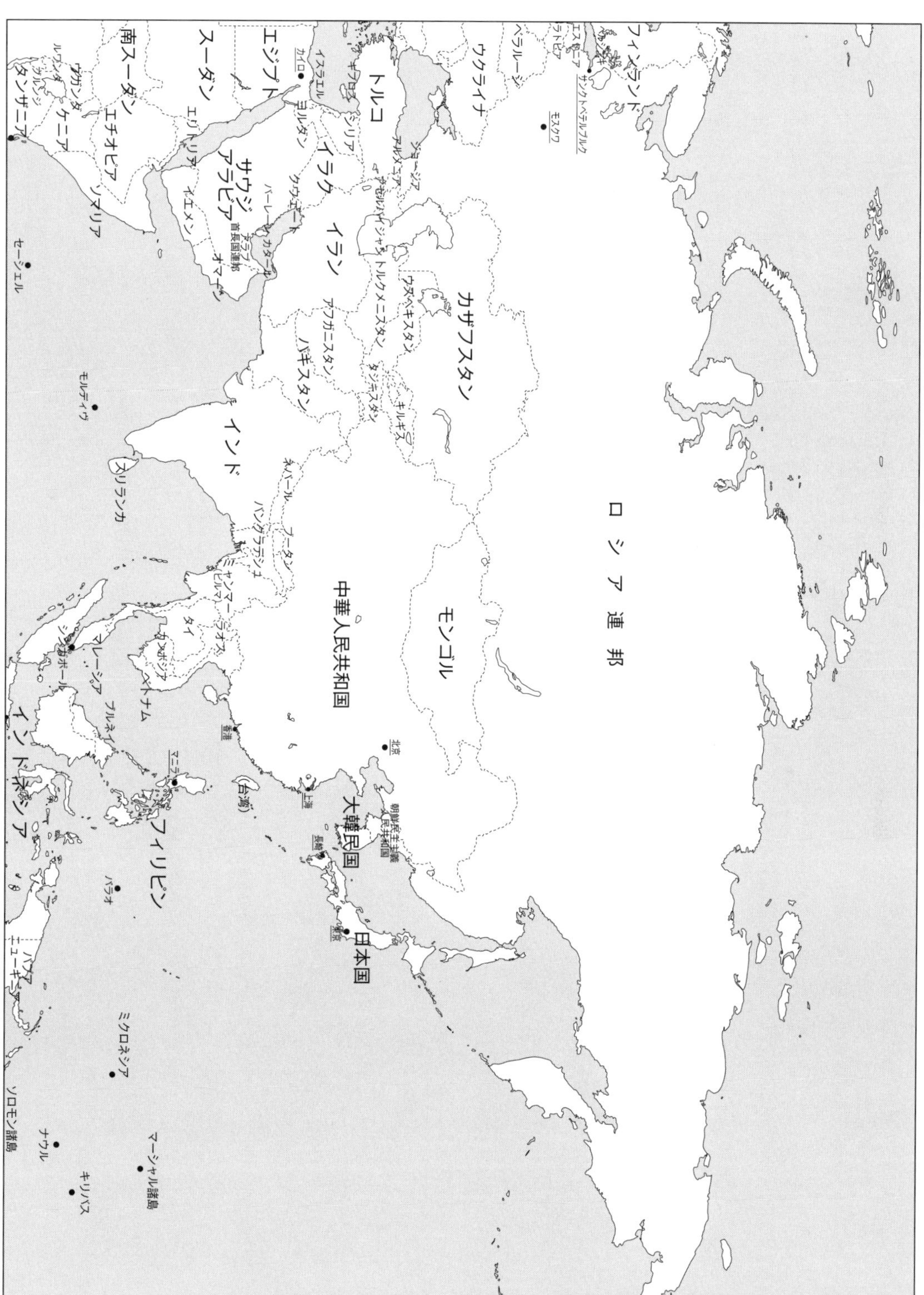

アジア州と周辺の国々（2017年）

二の巻　阿非利加洲

頭書
大全
世界國盡
阿非利加洲
二

阿《あ》非《ふ》利《り》加《か》のこと

阿非利加洲の広さは千二百九十四万坪（約三千万平方キロメートル）、人の数は六千百万人、北の地域には欧羅巴人《ようろっぱじん》もいますが、そのほかはだいたい黒人で、文明は未発達です。それぞれの国には王や帝《みかど》といって支配する者もいますが、強い者が弱い者を苦しめるやり方なので争いは絶え間ないといいます。

阿非利加は、四方を海に囲まれ、ただ亜細亜洲《あじあしゅう》へと続くところに末洲《すえず》の地峡といって、百里（約三百九十キロメートル）ほどの地続きがあるだけです。この地続きには蒸気機関車の道があって一日の間に往復することができます。また四、五年前から仏蘭西人《ふらんすじん》の計画で、この地続きの地面を掘って運河を開こうとしていて、ほとんど工事も終え、小舟の行き来はすでにできるようです。この運河がいよいよ成功したら、欧羅巴から東洋の印度《いんど》、支那《から》などへ航海する

阿《あ》非《ふ》利《り》加《か》洲

「阿非利加洲」の 広大は 五大洲の 第二番 南北二千 三百里 西より東に いたるまで ひろきところは 二千余里 四方《よも》の海岸 湾曲《でいり》なく 入海《いりうみ》稀《ま》れに 河少なく 内地の様を 探らんも 船の往《ゆ》き来《き》の 便りなし。唯《ただ》海岸の 一通《ひととお》り 西洋人の 詮索《せんさく》を つくせし丈《だけ》の 物語。 土地は広くも 人少なく 少なき人も 愚《おろ》かにて 文字《もんじ》をしらず 技芸なく 北と東の 数箇国《すかこく》を のぞきし外《ほか》は 一様に 無智渾沌《こんとん》の(1) 一世界 その国々を 計《かぞ》うるに 「亜細亜洲《あじあしゅう》」 のさかいなる 「末洲《すえず》」の西の 「衛士府都《えじぷと》」 は 「阿非利加」 一の 一大国 その 古《いにしえ》は

のに、喜望峰《きぼうほう》を回らずに、地中海から直に西紅海《せいこうかい》に出て、よほどの近道になるに違いありません。

○衛士府都《えじぷと》は、山が少なく平地となっています。内留《ないる》という大河があって国の中央を流れ、この水の恵みによって田畑も実ります。その上、時々川の水があふれて、そのあとは、かえって作物がよくできるので、この国の人は大水《おおみず》を豊作の年のめでたい兆しとして、喜ぶそうです。

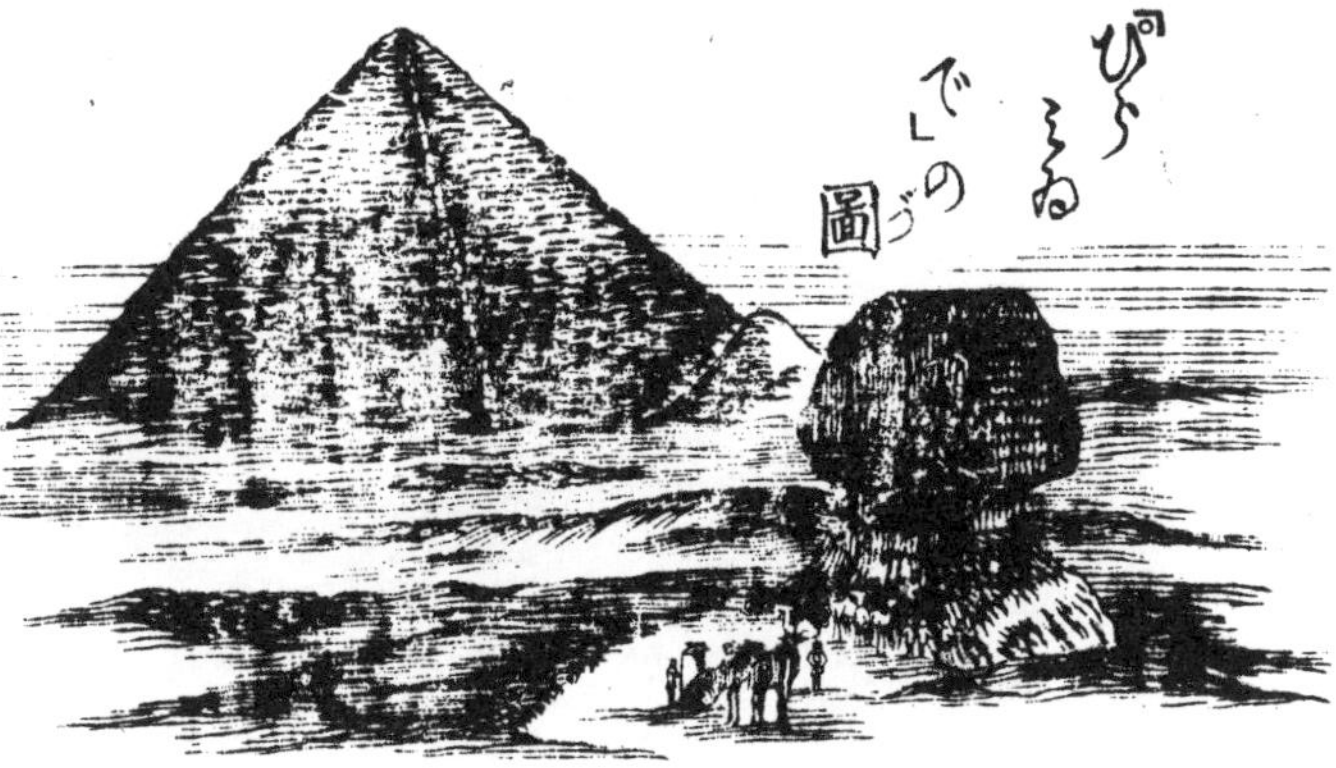

この辺りは、不思議な土地で、四季を通じて雨が降りません。草木を養うものは夜の露だけです。気候は暑く、砂ぼこりを吹き立て、人が住むには快適ではありません。産物は、米、麦、綿、煙草《たばこ》などがあります。

衛士府都は歴史の古い国で、名所旧跡がたくさんあります。宮や寺などの跡も驚くほどのものが多くあります。比羅三井天《ぴらみいで》の数も六、七十あります。その最も大

土留古《とるこ》より　支配受けし　土地なれど　今ははなれて　独立国　国の東西　相分かれ　なかをながる丶　「内留河《ないるかわ》」　河の東の　「海楼《かいろう》」　は「衛士府都国」の　首府《みやこ》なり。　河の彼岸《あなた》を　ながむれば　雲にひいずる　比羅三井天《ぴらみいで》(2)　たかさ四百　八十尺　石を層《つ》みたる　石塔は　「支那《から》」の万里の　長城と　声価《ほまれ》をきそう　古跡とて　尋《たずぬ》る人の　絶《た》え間《ま》なく　「内留」の流れ　さかのぼり　みなみに出《い》で丶　「信野国《のびやこく》」またその南　「阿弥志《あびし》」

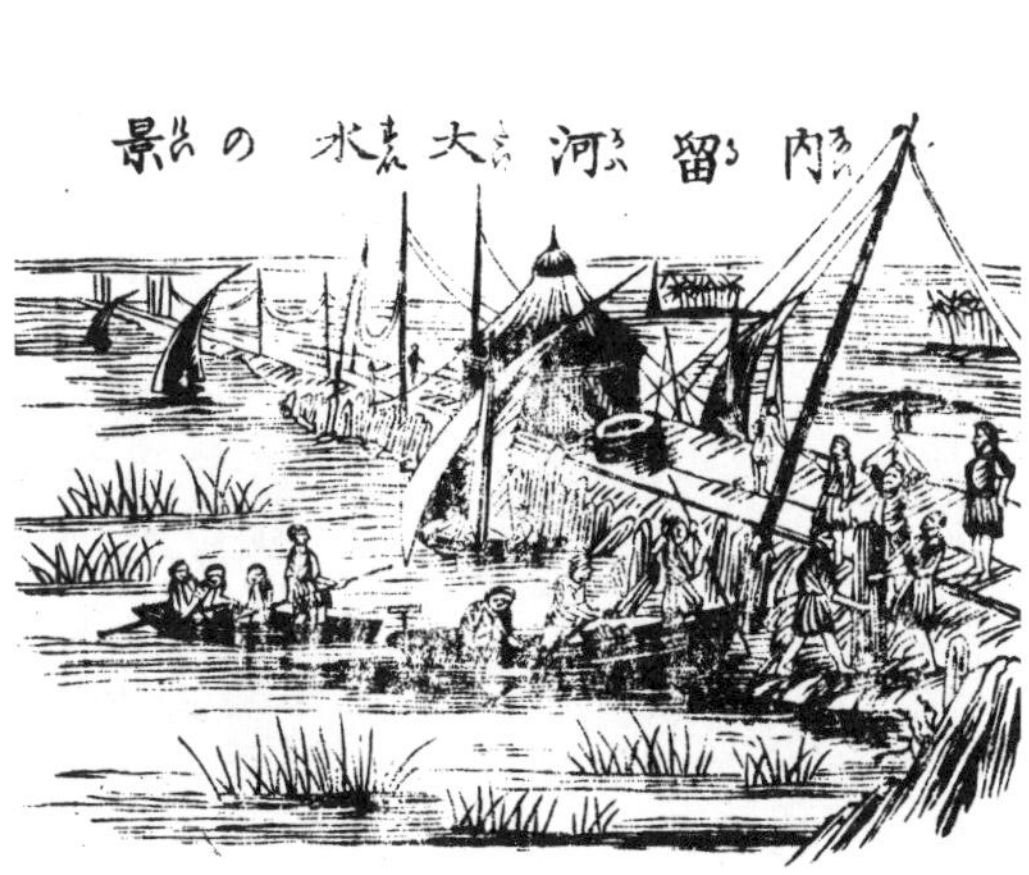

(1) 無智渾沌　知恵がなく物事がはっきりしない様子。(2) 比羅三井天　ピラミッド。

きいものは本文にも書いたように高さ四百八十尺（約百四十五メートル）、世間の言い伝えでは三千年前に、国王の墓碑《ぼひ》として建てたものということです。

○信野《のびや》は、衛士府都《えじぷと》の支配する地域です。阿弥志仁屋《あびしにや》は、独立国です。この辺りの川には「ひぽぱたます」①という獣《けもの》がいます。その大きさは象のようです。

○麻田糟軽《まだかすかる》は、文化年間（一八〇四〜一八一八年）より欧羅《ようろっ》巴《ぱ》の国々と条約を結び、急に生活の様子が改善し文武ともに盛んになりましたが、文政十一（一八二八）年にその国王の良多馬《らだま》という人が王妃《おうひ》に毒殺されてから、国中が乱れ、一時は外国人を残らず追い出しました。最近は、再び開国となり、外国との付き合いも始まりましたが、以前に比べれば国の勢いはかなり衰えたようです。全ては鎖国のさわぎがあったためです。この国の都を棚奈竜《たななりゅう》といいます。あまりにぎやかな土地でもありません。

仁屋《にや》」「西紅海《せいこうかい》」の　瀬戸の口　南《みなみ》　東《ひがし》に　「楚森国《そもりこく》」「印度《いんど》」の　海を　左に見　赤道越《こ》えて　南なる　「三義《さんぎゅう》原《ばる》」と　「茂山比丘《もさんびく》」　これ「阿非利加《あふりか》」の東　国筋　「茂山比丘」の　港より　海を隔《へだ》て、　「麻田糟軽《まだかすかる》」　「印度海」の　西方に　ひとり立ちたる　島のくに　人民四百　七十万　西洋人も　往《ゆ》き来《き》して　商売次第に　繁昌《はんじょう》し　国の開化も　近きとぞ。　「麻田糟軽」の　西《にし》南《みなみ》　「阿非利加洲」の　陸《みち》の辺《はて》　西に廻《まわ》れば　「喜望《きぼう》峰《ほう》」　望みはてなき　西海《さいかい》の　風に颺《ひら》めく　旗《はた》影《かげ》は　記章《しるし》違《たが》わぬ　「英吉利《いぎりす》領」　「印度」地方へ　ゆく船は　長《なが》の海路《うみじ》の　「阿多羅海《あたらかい》」越え

○喜望峰の土地は、もとは和蘭《おらんだ》の領土でしたが、六十年前より英吉利《いぎりす》の支配となりました。したがって、現在も和蘭系の人々が多くいます。喜望峰の港の名前を「けいぷたおん」といいます。商売が繁盛《はんじょう》し、産物も多くあります。南の地域の発天戸池屋《ほってんとちゃ》の周辺に住む阿非利加人は、文明が未発達だといいます。

○銀名国《ぎんなこく》は二つに分かれ、南側を下《しも》銀名といい、北の方を上《かみ》銀名といいます。その境には「ないぜる」という大河があります。上銀名には所々に英吉利と和蘭などの領土があり、その土地の産物である砂金、ヤシの実の油などを輸出するそうです。下銀名は、葡萄牙《ぽるとがる》の領土です。この辺りには、獅子《しし》が多く、時々人を襲います。恐ろしいことです。

○昔から阿非利加《あふりか》には、悪い習慣が広まっていて、人間を売り買いすることがあります。これを「すれい

①ひぽぱたます（hippopotamus）カバ。

てばしの　碇泊《ていはく》に　旅行《たび》の鬱《うさ》をも　なぐさめん。喜び望む　峰《みさき》とは　舟子《しゅうし》(1)の情を　汲《く》み取《と》りて　名を下《くだ》したる　文字ならん。喜望峰の　西のかた　「発天戸地屋《ほってんとちゃ》」「新部橋《しんべばし》」　上《じょう》下《げ》「銀名《ぎんな》」に　「理部利屋国《りべりやこく》」　又その北の　二《に》箇国《かこく》は　「志留良々恩《しるられおん》」に　「瀬根賀宮《せねがみや》」　これ「阿非利加」の　西国筋　その国々の　有様は　東の国に　異ならず。中に一区《ひとつ》の　「理部利屋」は　「阿非利加洲」の　国柄《くにがら》に　一種無類の　共和政　人民凡《およ》そ　五十万　議事院たてゝ(2)　事を議し　「北亜米利《あめり》

（1）舟子　船頭。船人。（2）議事院たてゝ　議会を設けて。

「あるぜりや」の景

ぶ①」といいます。「すれいぶ」とは、一生、買われたままのやとわれ人ということです。亜米利加《あめりか》などに向けて、ひじょうに多くの人を買い、田畑の労働に使い、牛や馬と同じように扱う風習がありますが、心ある人はこれを気の毒に思い、これらの人を救おうとする人もまた多くいます。まさに、理《り》部利屋国《べりやこく》は、亜米利加で志のある人が相談して建てた国です。最近は、このようなことで人の売買もかなり減ってきたようです。

○茂禄子《もろくこ》の港丹路留《たんじる》は治部良留多留《じぶらるたる》の瀬戸に臨んでいて西《いす》班牙《ぱにあ》との対岸にあります。

○阿留世里屋《あるぜりや》は気候が穏やかで五穀《ごこく》、果物の実る様子は、茂禄子に劣りません。その都は海岸から小高い山のふもとに開けていて、よい景色です。四、五十年前はこの辺りに海賊が多く、国々の船を悩ませました。日本の文化年間、亜米利加の軍艦がこのために阿留世里屋を攻めて、六万「どるらる②」の賠償《ばいしょう》金を取ったことがあります。

加《か》」に　流行の　自由の風《ふう》を　移せしは　暗き雨夜《あまよ》に　一点の　星の燿《かがや》く　如《ごと》くなり。

北にまわりて　一面に　「地中海」の　北岸《きたぎし》[南]へ　のぞめる国の　総名《そうみょう》は　「北阿非利加《あふりか》」の　「馬留馬里伊《ばるばりい》」　にしの端《はし》なる　「茂禄子《もろくこ》」は　「阿非利加」一の　一帝国　気候静かに　地味肥えて　天の恵《めぐ》みは　濃《あつ》けれど　君《きみ》の政事の　薄《うす》くして　農を勤《つと》むる　者もなし。　東に隣《とな》る　「阿留世里屋《あるぜりや》」　人口二百　五十万　今を去ること　四十年　「仏蘭西国《ふらんすこく》」に　攻め取られ　不《ふ》羈《き》①独立の　名も絶えて　仏《ふつ》より遣《や》りし　総奉《そうぶ》行《ぎょう》　「わいすろい②」とて　威《い》も猛《たけ》く　兵士軍艦

丹路留の景

○戸仁須《とにす》、戸里堀《とりぽり》などの国々の中で、戸仁須の人は熱心に農作業に勤め、さらにこの国は五穀、綿、煙草などのほかに、銀、銅《あかがね》、鉛、水銀《みずがね》の産物があります。戸里堀の人は棗《なつめ》を常食にしています。荒火屋《あらびや》周辺から阿非利加《あふりか》の海岸はすべて棗の多くとれるところです。

○阿非利加の内陸部は西洋人の探索、調査でも、いまだに詳しく分かりません。越尾比屋《えちおぴや》などの人は教育ができていなくて、人情もかなり荒々しい様子です。「にやむく」というところの黒人は、人を殺して肉を食べるようです。

砂漠の中にもまれには山に草の茂ったところがあります。例えれば、大海に島があるようなものです。行き来する人は、この草を駱《らく》駝《だ》の飼料にするのです。ただし、人の食べ物は数か月

①すれいぶ（slave）奴隷。②どるらる（dollar）ドル。

数《かず》おおく　二百余万の　人民は　仏蘭西帝の
旗風《はたかぜ》を　仰《あお》ぎて靡《なび》く　ばかりなり。これより
東「衛士府都《えじぷと》」の　間にならぶ　国々は「戸《と》
仁須《にす》」「戸里堀《とりぽり》」「馬留加国《ばるかこく》」またその北に
「辺山国《へざんこく》」大略《おおむね》同じ　夷狄人《えびすびと》　表は「土留古《とるこ》」
に　従えど　名ありて実《み》なき　支配なり。「阿
非利加」の　内地の様は　知れざるも　大概《あらまし》か
ぎる　国境《くにざかい》　南のかたに「越尾比屋《えちおぴや》」なか
に「宗段《そうだん》」北にまた「佐原《さはら》」の原と　となう
るは　世界中の　大砂漠　東西一千　三百里
南北凡《およ》そ　四百余里　樹蔭《こかげ》も見えぬ　砂の海
こゝに往《ゆ》き来《き》の　旅人は　駱駄《らくだ》の背《せ》なを　船に
代え　数月《すげつ》の糧《かて》を　貯えて　北と南に　渡ると

（1）不羈　自由をしばられないこと。（2）わいすろい（viceroy）総督。

新都辺礼奈島の名景

の用意が必要です。また、砂漠には雨が降らないので水が不自由します。十日ほど行って初めて泉に出会うくらいなので、飲み水の貯えもなくてはならないものです。時は日本の文化二(一八〇五)年、阿非利加《あふりか》の人二千人が、駱駝千八百頭を引いて砂漠を渡ったところ、ちょうど水のあるところに行き会わずに、残らず死んでしまったことがあったそうです。

○麻寺《までら》は、小島ですが山川の景色がひじょうに良いところです。産物は葡萄《ぶどう》酒です。気候は春夏秋冬ほとんど同じで、病人などの養生所に適しています。加奈利屋《かなりや》は、西班牙《いすぱにあ》の領土です。その様子はほとんど麻寺と同じです。

○新都辺礼奈《しんとへれな》は、英吉利《いぎりす》の領土です。一八一五年すなわち日本の文化十二年のころ、仏蘭西《ふらんす》皇帝「なぽれおん」一世は、和阿戸留楼《わあとるろう》という所で英吉利の将軍「ゑるりんとん」と戦って敗北し、この島に流されて生涯を終えました。こ

ぞ。砂漠離れて　西《にし》
北《きた》の　海に出《い》ずれば
「麻寺島《までらしま》」　島の支配は
「葡萄牙《ぽるとがる》」　葡萄《ぶどう》の美酒
の　名所とて　名高き
土地は　みざるとも
地の名に同じ　麻寺酒
は　悦《よろこ》ぶ人ぞ　多か
らん。麻寺に隣《とな》る
「加奈里屋《かなりや》」は　加奈里屋鳥《ちょう》の　里なれば　島
に囀《さえず》る　鳥の数《かず》　四時《しじ》(1)かわらぬ　春色《はるげしき》　小鳥
の声と　島の名も　ともに聞こゆる　名所な
り。西に廻《まわ》れば　「輪留田島《わるだしま》」「輪留田」の南
一千里　淋《さび》しき「新都《しんと》　辺礼奈島《へれなしま》」　島に名所
は　なけれども　「仏蘭西《ふらんす》皇帝」　「奈保礼恩《なぽれおん》」

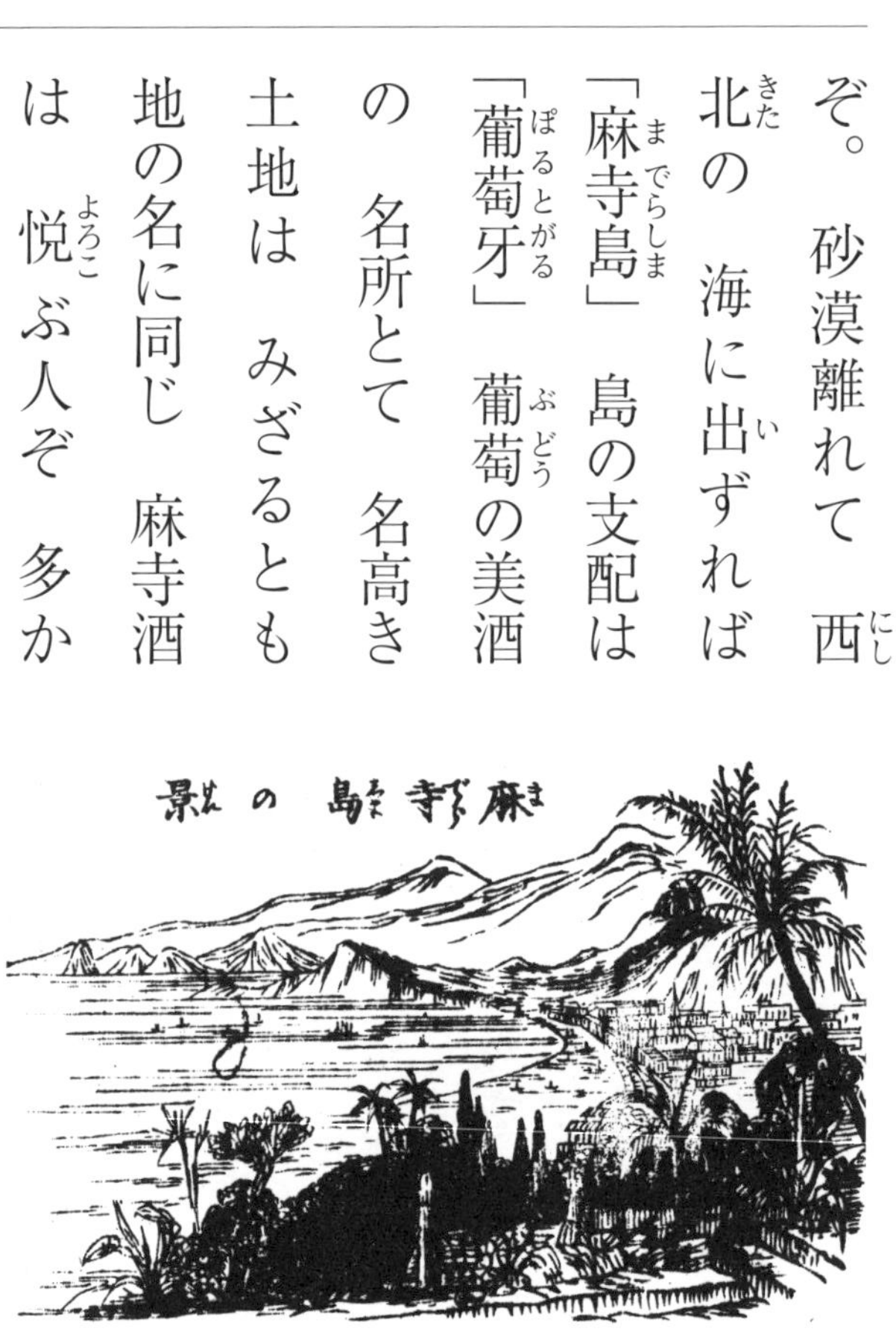

麻寺島の景

れにより、島の評判は世に広まりました。

「なぽれおん」は、この島に流され、一八二一年五月五日に命を閉じました。死後も罪人の取り扱いでしたが、一八四〇年、仏蘭西人の願いによって、立派な礼式のもとで本国の都巴理斯《ぱりす》に改葬《かいそう》されています。

「和阿戸留楼《わあとるろう》」の戦い(2)に　運命薄《うす》く　打ち負けて　流罪《るざい》になりし　由来より　島の名誉《めいよ》も　聞こえけり。

（1）四時　四季。（2）「和阿戸留楼」の戦い　ワーテルローの戦い。

解説

福澤が見たアフリカ——自然と共生するアフリカの人々

福澤諭吉が実際にアフリカ大陸に足を踏み入れたのは、一八六二（文久二）年の遣欧《けんおう》使節団の一員としてヨーロッパを目指した時のことでした。

二晩のアフリカ滞在

十二月に船で品川を出発した使節団の一行はエジプト北東部のスエズに到着した後、スエズからカイロまでの陸路を蒸気機関車で移動しました。このエジプトのカイロに使節団は二晩滞在し、この間にピラミッドを見た時のことが、福澤の著作『西洋旅案内』（一八六七〔慶応三〕年発行）には、「又カイロより三里計《ばかり》の処《ところ》にピラミドとて目を驚《おどろか》すほど大《おほひ》なる石塔《せきたう》二《ふたつ》あり高さ四十丈《しゞふじやう》巾《はゞ》六十丈《ろくじふじやう》石垣《いしがき》のよふに築立《つきたて》たるものなり」と記載されています。

以上のことから、福澤が実際にアフリカ大陸に滞在したのはエジプトでのこの期間であり、そしてアフリカ大陸の内陸部を自分の目で確かめることはなかったということになります。

現在のアフリカ——自然と民族

アフリカ大陸の面積は約三千二十二万平方キロメートル、これは日本の面積の約八十倍にあたる広さになります。頭書でアフリカ洲の面積が千二百九十四万坪（約三千万平方キロメートル）となっているとおり、この面積が現在とほぼ同じであることがわかります。

自然の特徴としては、世界一の長さを誇るナイル川が流れていること、砂漠が広がっていることが挙げられます。全長六千六百五十キロメートルのナイル川は、エジプトから南下してタンザニアにまでわたっています。かつてこのナイルの河川流域は、河川の氾濫《はんらん》によって肥沃《ひよく》な土地となり自然の恵みを受けながらエジプト文明やクシュ王国が築かれ、富を形成し発展してきた歴史があります。またアフリカ北部に広がるサハラ砂漠は東西に約五千キロメートル、南北に約二千キロメートル続いています。世界最大の面積をもち、その広さは世界の砂漠全体の約四分の一に値します。この「サハラ」とはアラビア語で「平坦な砂漠」という意味があります。

また人類発祥の地ともいわれるアフリカ大陸の人口は現在、約十一億四千三百万人といわれています。二千五百を超える多種多様な民族が暮らすアフリカには、多様な文化も芽生えています。その中でもケニアとタンザニアに住むマサイ族は日本でも有名な民族です。マサイ族は、防水の機能を兼ね備えた牛の糞《ふん》と泥を固めて作った家に住み、牛やヤギを家畜として飼い、民族衣装に身を包み、民族特有の踊りや儀式など伝統文化の中で暮らしています。学校がある村では、子どもたちはどんなに離れていても徒歩で通ってきます。生徒は、ベンチにギュッと詰めて座り、何人かで一冊の教科書を使います。この教科書は生徒たちが家に持って帰るのではなく、学校に置いて何年も同じものを使います。また鉛筆は先生が毎回配布し、授業が終わると回収します。経済的には決して恵まれているとはいえない環境かもしれませんが、学校に通ってくる子どもたちが意欲的に勉強に取り組む姿や眼差しが印象的です。このように紹介していくとマサイ族の暮らしはすべて自給自足のように見えますが、最近では、携帯電話を持ち、送金をしたり連絡手段として使ったりしている人たちや、都市部に暮らすマサイ

マサイの村の授業のようす

族もいます。

アフリカの国々——昔と今

『世界国尽』に掲載されたアフリカの地図を見てみましょう。沿岸部には「ゑじぷと」「もろくこ」「もざんぴく」「きぼうほう」「けいぷたをん」など、現在の私たちも現国名や現地名が想像できるものが多く見られます。しかし、この地図では沿岸部以外のアフリカ大陸の大部分が「さはら大砂漠」、「そうだん」、「ゑちをぴや」となっています。「そうだん」と「ゑちをぴや」は現在のスーダンやエチオピアの国とは異なる地域を表しています。

二〇一六年現在、アフリカ大陸には五十四の国がありますが、はじめからこれだけの国が存在していたわけではありません。

十九世紀前半までのアフリカでは、ポルトガル、イギリス、フランスなどのヨーロッパ勢力によるアフリカ沿岸部における貿易がみられました。しかし、沿岸部以外にアフリカに関する知識がほとんどありませんでした。十九世紀中頃になると、リヴィングストンやスタンリーなどの探検により、アフリカ内陸部にある豊富な天然資源が注目され、西欧列強が資源の供給地や市場の場としてアフリカ内部への侵略を企てるようになりました。

十九世紀末にはアフリカの北と南を抑えたイギリスが、ケープタウンとカイロを繋《つな》げようと考えて、ここにインドのコルカタを結びつけるアフリカ縦断政策（3Ｃ政策）をとろうと考えました。これに対して、フランスはアフリカ横断政策をとろうとし、イギリスとぶつかり合い、一八九八年にファショダ事件が起こりました。このとき両国の全面対決は回避されましたが、アフリカにおける主導権はイギリスが握りました。イギリスは南アフリカ戦争でアフリカ南端のケープ植民地を拡張し、南アフリカ連邦を成立させました。このようにして、一九〇〇年頃までにはアフリカ全土は、エチオピアとリベリアを除いて列強により分割されてしまいました。

以下は列強がそれぞれ領土としたアフリカの地域です。

・イギリス：エジプト・スーダン・南アフリカ・トランスヴァール・オレンジ・ローデシア・ケニア・ナイジェリア・ゴールドコースト（後のガーナ）

・フランス：アルジェリア・チュニジア・モロッコ・マダガスカル・サハラ（西アフリカ）・ギニア・赤道アフリカ

・ドイツ：東アフリカ（タンガニーカ）・カメルーン・トーゴ・南西アフリカ

・ベルギー：コンゴ

・イタリア：トリポリ・キレナイカ・ソマリランド・エリトリア

・ポルトガル：アンゴラ・モザンビーク・ギニアビサウ

ところで、「二の巻」末にあるアフリカ大陸の地図で国境線をよく見てみましょう。場所によって国境線が直線になっていることに気がつくでしょう。これはアフリカを植民地としていた列強同士の話し合いによって国境が決められたことに由来しています。国境を定める際、経度や緯度に沿って線を引きました。そのため、国境が定められると同時に、これまで自由に行き来ができた遊牧民の移動経路が分断されました。また同じ言語を話す地域にも境界線となる国境線が引かれた結果、同じ国の中に異なった民族が居住するようになりました。このことが現在の国内紛争の原因ともなっています。

第二次世界大戦後になると、植民地とされてきたアフリカの各地では独立運動が盛んになります。一九六〇年には、一気に十七もの国が独立を達成しました（「二の巻」末の地図参照）。この年を「アフリカの年」と呼んでいます。その後も次々と独立したアフリカ諸国は「第三世界」を形成して国際社会での影響力を強めていくことにもなりました（第二次世界大戦後の東西対立により、世界は資本主義国陣営を「第一世界」、社会主義国陣営を「第二世界」としました。そのいずれにも属さないアジア、アフリカの国々のことを「第三世界」としています）。

しかし、石油などの地下資源に恵まれ工業化が進む国と、特定の農産物や原材料の輸出に依存（モノカルチャー経済といいます）する国との間に、経済的な格差が生じているという現実もあります。

アフリカを代表する人物

ノーベル賞平和賞受賞者としても世界的に有名であるネルソン・マンデラ氏（一九一八〜二〇一三年）やワンガリ・マータイ氏（一九四〇〜二〇一一年）は、世界の歴史に残る人物といえるでしょう。マンデラ氏は、南アフリカ共和国における人種隔離政策（アパルトヘイト）への反対活動を続け、同国で黒人初の大統領に就任しました。マータイ氏は、環境保護活動家、政治家として活躍したアフリカ人女性初のノーベル賞平和賞受賞者です。マータイ氏は、ケニアの自然の中で幼少期を過ごした後、生物学者になることを志してアメリカに留学します。ケニアに帰国後、荒れ果てた自然を見て、地域での植林運動を開始します。この環境保護活動は、アフリカ人女性の社会進出を促進し、ケニアの民主化にも貢献、平和活動となって広がりました。また二〇〇五年に来日した際には、「もったいない」という日本語を知って、感銘を受けました。そこでマータイ氏は、地球環境を守る「MOTTAINAI」という世界共通語を広めることを提唱し活動を始めました。マータイ氏は二〇一一年に亡くなりましたが、この活動は現在も世界的に展開しており、活動を通して、持続可能な循環型社会の構築を目指しています。

両者ともに、二十世紀から二十一世紀にかけて活躍したアフリカの人物であり、福澤と会うチャンスはもちろん全くありませんでした。もし対談をする機会があったならば、平等、環境問題、教育について、そして一国のあり方についてなど、様々な分野においてどのような意見交換がなされたでしょうか……。

「ひぽぱたます」と「獅子《しし》」

頭書に出てくる「ひぽぱたます」とは「カバ」のこと、そして「獅子」とは「ライオン」のことといえば、その動物がパッと頭に浮かんでくると思います。アフリカ大陸にはこれらの動物はもちろんのこと、その他にキリン、象、ゴリラ、チーター、ハイエナ、バッファロー、猿、チンパンジーなどの哺乳《ほにゅう》類をはじめ、ダチョウ、フラミンゴ、サギ、モズやスズメなどの鳥や、非常に多くの種類の生き物が生息しています。現在アフリカには数多くのナショナルパーク（国立公園）があり、そこに広がる大自然の中でも先に挙げた生き物たちが生活しています。そして我々人間は、このナショナルパークを訪れて、生き物たちが群れをなして生活する様子、草原を駆け巡る様子や、生きるために獲物を狩り、命を守るために敵から必死に逃れようとする様子を見ることができます。決められたコースではありますが、間近に動物たちと出会い、自らの目で観察しながらまわる旅をサファリといいます。現在では世界各国の観光者が、サファリを目的にアフリカを訪れるようになっています。

キリマンジャロとケニアのアンボセリ国立公園

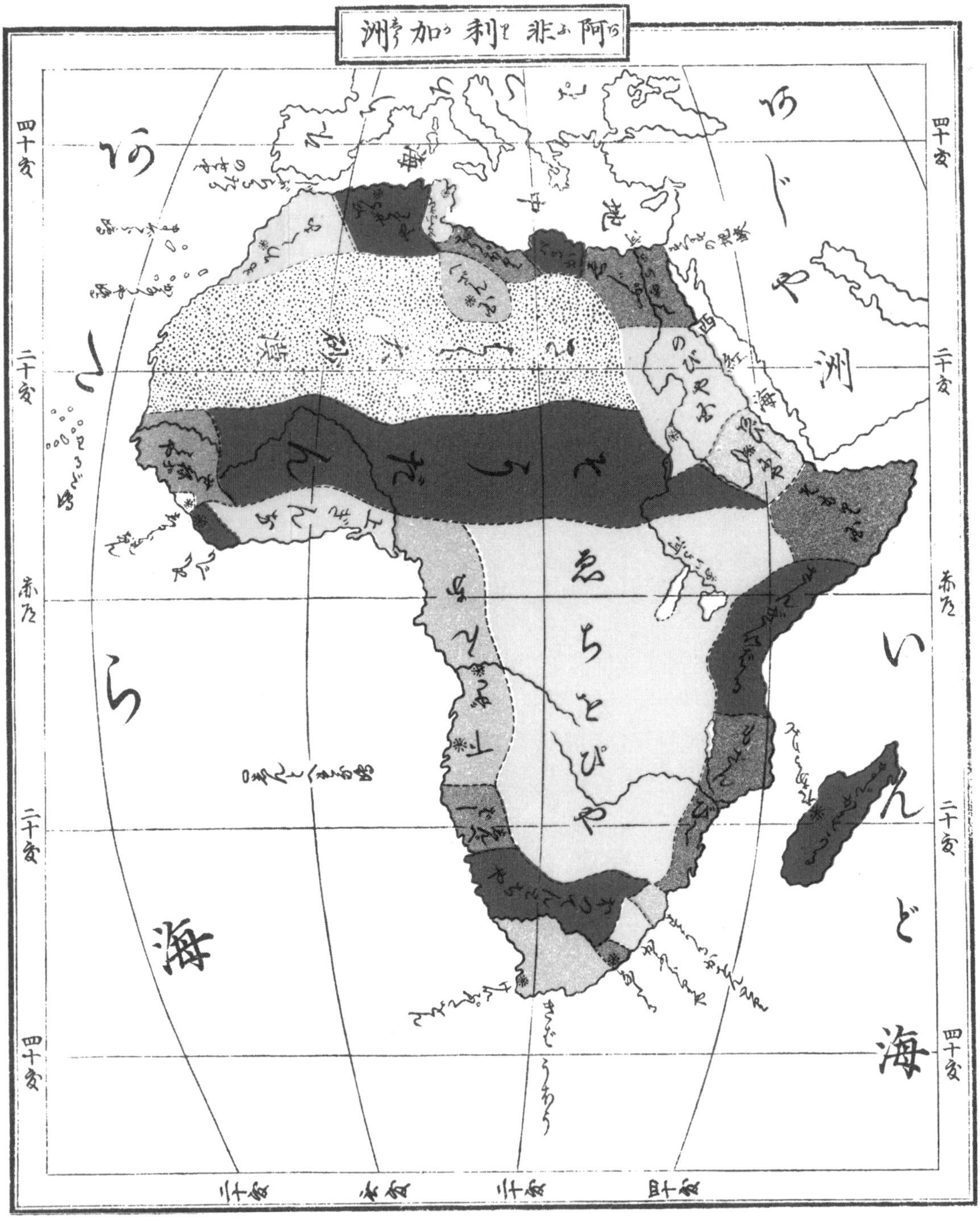
阿《あ》非《ふ》利《り》加《か》洲《しう》
四十度
二十度
赤道
二十度
四十度
いんど海
ゑちおぴや
大砂漠
海

アフリカ州の国々（2017年）：ヨーロッパ列強（宗主国）からの独立

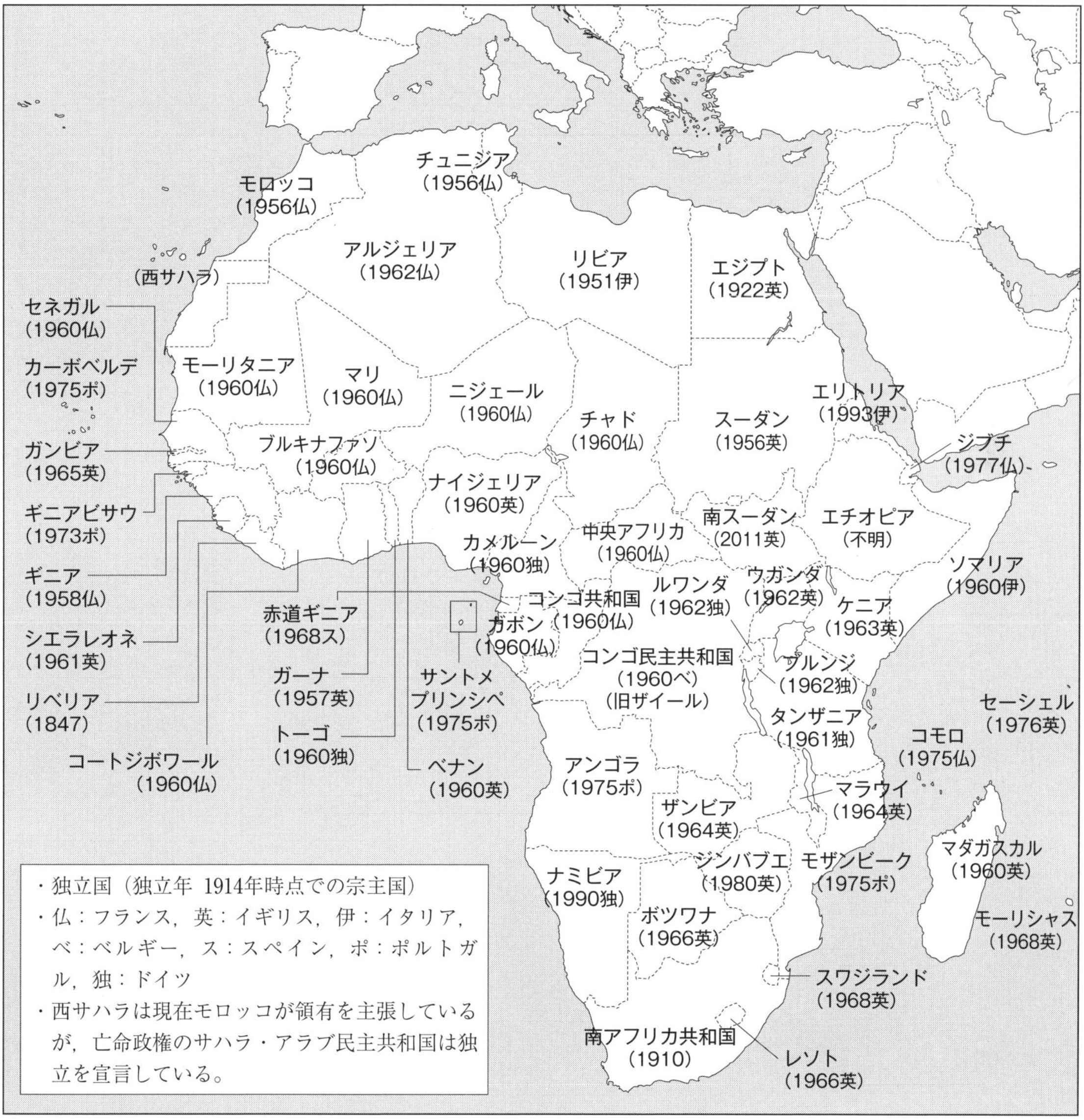

頭書大全
世界國盡
歐羅巴洲
三

三の巻　欧羅巴洲

欧羅巴《ようろっぱ》洲のこと

欧羅巴の人口は二億六千二百万人、その内十分の九は白人です。南の地域には黒人と白人が混じった人種もあり、北の地域魯西亜《ろしあ》の領土には蒙古《もうこ》人も残っていて、顔の色が白くない人もいます。

現在、欧羅巴洲の国々は、大小四十九、王国もあり、公国もあり、帝国はただ魯西亜、仏蘭西《ふらんす》、墺地利《おうすとりあ》の三国だけです。土留古《とるこ》も帝国といわれることがありますが、他の帝国とは生活の様子も違うので、別のものとします。英吉利《いぎりす》は王国ですが、その中でも特別の強国で、政治がよく行き届き、国力が盛んなことは欧羅巴で一番といって違いありません。

現在、欧羅巴は文明開化が世界で最も進んでいるといって間違いありませんが、昔はやはり混沌《こんとん》としていて、知識もなく、次第に開けて進化するに及んでも、中世は封建の世の中で、もっぱら武道が重視され、騎士の力が強くて、町人、百姓は苦しめられることも多かったようです。しかし、二、三百年前から学問の道がようやく進み、人々のく

欧羅巴《ようろっぱ》洲

「欧羅巴」　土地は「亜細亜《あじあ》」に　連なれど
その堺目《さかいめ》を　尋《たず》ねれば　東の方《かた》に「宇良留山《うらるさん》」
山より出《い》ずる　「宇良留河《がわ》」　末は「裏海《りかい》」に
流れ込み　「甲賀巣山《こうかすざん》」の　麓《ふもと》より　「黒海」
越《こ》えて　「地中海」「阿非利加洲《あふりか》」と　相対し
「治部良留多留《じぶらるたる》」の　瀬戸過《す》ぎて　西は一面
「阿多羅海《あたらかい》」。洲の南北　一千里　東西一千
四百余里。内に列《つら》なる　四十九の　国の大小
強弱も　時勢に由《よ》りて　浮き沈み　「魯西亜《ろしあ》」
「普魯士《ぷろしあ》」「墺地利《おうすとりあ》」　英《えい》と仏《ふつ》との　五ケ国は
当時日の出の　五大国。土地の広袤《ひろさ》を　較《くら》ぶ
れば　五大洲の　末なれど　狭き国土に　空地

らしもよくなってくるに従って、人々は皆、知識の価値を認めて、力を恐れることなく、国の政治も自然にそのような考え方に基づくようになり、次第に今日の様子に行きつきました。今ここに、混沌として無知な状態の生活の様子から、文明開化にいたるまでの様子を順番に表した絵図を西洋の地理書から写して見せます。この絵を見て世の中の

なく　人民恒《つね》の　産を得て　富国強兵　天下一
文明開化の　中心と　名のみにあらず　その実
は　人の教えの　行き届き　徳誼《とくぎ》(1)を修め　知を
開き　文学技芸(2)　美を尽くし　都鄙《みやこいなか》の　差別《しゃべつ》
なく　諸方に建つる
学問所(3)　幾千万の　数
知らず。彼《か》の産業《すぎわい》(4)の
安くして　彼《か》の商売の
繁昌《はんじょう》し　兵備整い　武
器足りて　世界に誇《ほこ》る
太平の　その源を　尋《たずぬ》
るに　本《もと》を務《つとむ》る(5)　学問
の　枝に咲きたる　花

(1) **徳誼**　徳義。道徳上の義務。(2) **文学技芸**　学問芸術。(3) **学問所**　学校。(4) **産業**　生活のための職業。なりわい。(5) **本を務る**　基本のしっかりした。

おおよそのことを知るとよいでしょう。

○英吉利《いぎりす》の本国は、それほど大きな国ではなく、およそ日本くらいのものですが、遠方に領土としている飛び地が多くあり、五大洲の中で墺大利亜《おうすたらりあ》のはてまでも、英吉利の領土でない所はありません。これを集めれば、英国の一里四方で八百万坪（約二千百万平方キロメートル）、およそ世界の広さの六分の一にもなります。その広大さは、魯西亜《ろしあ》にも劣りません。この広い領土に住む人の数は一億八千三百万人、他国に比べるものがありません。ただ支那《から》の人口に及ばないだけです。

論頓《ろんどん》のほかにも大都会の数は多くあります。「りいうるぽふる」「びるみんはむ」、蘇格蘭《すこっとらんど》の都に「ゑぢんぼるふ」、

ならん。　花見て花を　羨《うらや》むな　本なき枝に花はなし。　一身《ひとり》の学に　急ぐこそ　進歩《あゆみ》はかどる　紆路《まわりみち》　共に辿《たど》りて　西洋の　道に栄《さか》ゆる　花をみん。

「英吉利《いぎりす》」は　「仏蘭西国《ふらんす》」の　北の海　独《ひと》り離れし　島の国　「蘇格蘭《すこっとらんど》」「阿爾蘭《いるらんど》」「英倫《えんぐらんど》」の　三国を　合わせて合衆　王国と(1)威名耀《いめいかがや》く　一強国。　人民二千　九百万　百工(2)技芸　牧　田畑　産物遺《のこ》る　所なく　中にも多き　鉄　石炭　蒸気器械の　源は　用いて尽《つ》きぬ　無尽蔵《むじんぞう》　知恵極《きわ》まりて　勇生じ　水を渡るに　蒸気船　万里の波も　恐《おそ》れなく　陸地を走る　蒸気車は　人に翼《つばさ》の　新工夫　飛ぶより疾《はや》き　伝信機(3)　瞬《またた》く暇《ひま》に　千万里　告げて答うる　急飛脚《きゅうびきゃく》(4)　内と外との　新聞(5)を　互いに

阿爾蘭《いるらんど》の都に「どぷりん」など、いずれもにぎやかで活気のある町です。

英吉利は世界で最も商売が繁盛《はんじょう》している国なので、さまざまな国の船が出入りして、港がにぎわっていることはいうまでもありませんが、国中の行き来もたいへん便利です。最近では蒸気船は珍しくありませんが、日本人がまだ見たことのない蒸気機関車というものがあります。これは馬も牛も使わずにただ蒸気の仕組みで走る車です。その速いことは本当に人の目を驚かします。およそ一刻（二時間）に二十里（約七十八キロメートル）も走るので、東海道五十三次などは一昼夜で往復するに違いありません。また、伝信機というものがあります。これは百里も千里も針金を引っ張って、その両端に「えれきとる①」というものの仕組みを設けて、またたく間に数千

①えれきとる（electricity）　電気。

聞きて　相伝う。百《もも》の都会の　中心は　「廷武須《ていむす》」河畔《かはん》の　「論頓府《ろんどんふ》」　広き世界に　比類《たぐい》なき　万国一の　大都会　東西三里　南北は　二里の間に　立ち籠《こも》る　軒端《のきば》は櫛《くし》の　歯を並べ　錐《きり》を立つべき　地もあらず⑥。　人口二百　八十万。　往来群集　雲を成し　夜は三十　六万の　瓦斯《がす》の灯火《ともしび》　耀《かがや》きて　晦日《みそか》の暗《やみ》も　人知らず。　昼夜絶えな

（1）**合衆王国**（United Kingdom of Great Britain and Northern Ireland）連合王国。英国の正式名。（2）**百工**　様々な工業。（3）**伝信機**　電信機。テレグラフ。文字などを電気信号に変換して送受信する機械。（4）**急飛脚**　特別に急いで手紙等を送り届ける仕組み。（5）**新聞**　ニュース。情報。（6）**軒端は……地もあらず**　建物が密集している様子。

里の遠方に合図して話ができるというものです。瓦斯《がす》とは、石炭を蒸し焼きにしてその気体を引いて油やろうそくの代わりに使うものです。ただし、これらの仕組みは英吉利《いぎりす》だけではなく西洋諸国どの国も皆同じで、人々の便に役立っています。夜、行動するのに提灯《ちょうちん》を持たず、荷物を運ぶのに馬の背を使わず、急用の時に手紙のやりとりをするといってわらじをはいて道中を走る者も必要ではありません。何事も知恵比べの世の中のようです。

英吉利の海軍は世界一です。軍艦の数は千隻近くもあります。領土に備えることはもちろん、始終、外国にも出かけて、自国の人々を守り、他の国から軽くみられることを防いでいるので、世界中の交易がおこなわれる場所では、英国人の力が最も強くなっています。

○仏蘭西《ふらんす》は、欧羅巴《ようろっぱ》の中の都ともいうべき真ん中にあって、土地もよく開け、一様に華美な生活の様子です。人々の頭の働きは鋭く、学問に勉めて発明したものが多くあります。巴理斯《ぱりす》の大学校などは世界に並ぶもののない学問所で、偉

き　馬車の声　四海の浪《なみ》も　音静《おとしず》か　港に繋《つな》ぐ
万国の　船の遠望《ながめ》は　森林《もりはやし》　木《こ》の葉《は》を散らす
河蒸気《かわじょうき》(1)　河に架《か》けたる　鉄橋を　走る蒸気車
矢の如《ごと》く　今朝《けさ》見し友も　夕べには　千里隔《へだ》つ
る　旅のそら。急ぐ旅路に　心せき　悉《くわ》しき
事は　またの日と　名残《なごり》おしくも　「論頓《ろんどん》」を
別れて南　「堂宇留《どううる》」の　瀬戸の渡《わた》りは　九里
余り　わたり上がれば
「仏蘭西国《ふらんす》」　西の界《さかい》は　「西班牙《いすぱにあ》」　東は
「白耳義《べるぎい》」「瑞西《すいちつる》」　東西二百　六十里　南北
凡《およ》そ　二百余里　南の方《かた》に　「地中海」　海岸近
き　「虎留鹿《こるしか》」も　合わせて土地の　広大は
「魯西亜《ろしあ》」に次《つ》ぐ　帝位の国。人口三千　七百
万。首府《みやこ》「巴里斯《ぱりす》」の　人別《にんべつ》(2)は　唯《ただ》「論頓」
に　及ばねど　市中の家の　華美《かび》にして　文字《もじ》

大な先生たちの集まる所です。

　虎留鹿《こるしか》の島は仏蘭西皇帝「なぽれおん」一世の誕生したことによって良く知られています。奈保礼恩《なぽれおん》はもともと身分の低い人でしたが、一七〇〇年代の終わり日本の寛政年間から、仏蘭西に大乱が起こり、その時に地位が高まり陸軍の隊長となりました。生まれながら知勇ともに備えた英雄で、二十六歳の時に伊太里《いたりあ》を攻めて勝ち、翌年には墺地利《おうすとりあ》に勝ち、向かう所天下に敵なしという勢いでした。一八〇四年、つまり日本の文化元年に仏蘭西の皇帝の位につき、その名を欧羅巴中にとどろかし、魯西亜《ろしあ》、英吉利のほかは、どの国もほとんど仏蘭西に降伏したほどの勢いでしたが、一八一二年、五十万の大軍を率いて魯西亜を攻め、大雪に苦しめられて勝つことができませんでした。これから次第に勢いが衰えていって、ついに「わあとるろふ」の戦い①に負け、島に流されてしまいました。

　現在の仏蘭西皇帝は「なぽれおん」一世の甥《おい》に当たり、「なぽれおん」三世といいます。この皇帝も世間から英雄だとの声が挙がっています。最近は、しきりに海陸軍を強力にしていて、欧羅巴の諸国は、これを恐れています。

①「わあとるろふ」の戦い　ワーテルローの戦い。

学校の　繁昌《はんじょう》は　西洋諸国に　類《たぐい》なし。国
の産物　数多き　中にも「里園《りおん》」の　絹《きぬ》
天鵞絨《びろうど》　酒は「ぼるどう」(3)「ちゃんぱん酒」(4)
銘酒《めいしゅ》の種類　三百種　年《とし》に積み出す　石数《こくすう》(5)は
幾《いく》百万の　数しらず。
推《お》してしるべし　国の
富。国富み人の　多
ければ　保護《まもり》の兵も
亦《また》多く　軍艦《ぐんかん》大小　五
百艘《そう》　陸の兵士は　五
十万　軍器　戎服《じゅうふく》(6)　整
いて　坐作《ざさ》進退(7)の　正

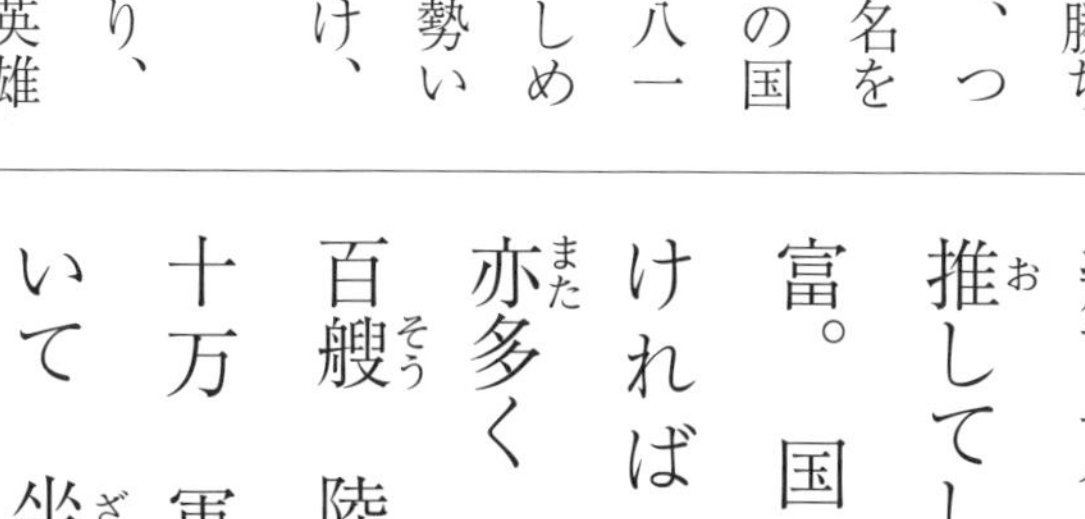

(1) **河蒸気**　川を運行する小さな蒸気船。(2) **人別**　人口。(3) **ぼるどう**　ボルドー・ワイン。(4) **ちゃんぱん酒**　シャンペン。(5) **石数**　出荷量のこと。「石」は昔の体積量の単位で米を量るのに用いた。(6) **戎服**　軍服。(7) **坐作進退**　立ち居振る舞い。挙動。

○西班牙《いすぱにあ》は、その昔、強大な国で世界中に領土も多くありましたが、最近は衰えて、学問も芸術もともに盛んではなくなりました。広い国中に蒸気機関車の線路もたいへん少ない状態です。もともとこの国の人々は骨格が良く、勇気はあるのですが、とかく物事に励む心がなく、ただ気位が高くて、暮らし向きを良くする方向には励まず、あてにはならない生活の様子です。

○葡萄牙《ぽるとがる》も、昔は盛んな国で、熱心に航海をしていました。一四九七年、つまり日本の明応六年、欧羅巴《ようろっぱ》から喜望峰《きぼうほう》を回って印度《いんど》に渡る航路を見つけたのも、葡萄牙人の「わすこでがま」という航海者でした。日本へ外国人が来たのは、天文十一（一五四二）[1]年を始めとします。これも「めんでずぴんと」という葡萄牙人でした。

○地中海の入り口は治部良留多留《じぶらるたる》の瀬戸一つですが、この瀬戸から潮の流れ込むだけで、他から出ることはありません。不思議な場所です。英国人がここに人工の島を築いて

しきは　西洋一の　強
兵と　名声《ほまれ》を得しも
理《ことわり》なり。
「仏蘭西《ふらんす》」の　西と
南に　「西班牙《いすぱにあ》」国の
都は　「麻土律戸《まどりっと》」
往古《むかし》は名高き　国なれ
ど　人の性質　懶《おこた》り
て　勤むる心　薄《うす》ければ　稼《かせ》ぎの道[1]も　おとろ
えて　国の産物　多からず。文明開化の　有
様を　「英」と「仏《ふつ》」とに　較《くら》べなば　遥《はるか》数等《すとう》
の　下《しも》ならん。西に廻《まわ》れば　「葡萄牙《ぽるとがる》」「田《た》
楠《ぐす》」の河の　河口《かわぐち》に　開きし港　「里須盆《りすぼん》」は
国王住居の　都なり。土地の風俗　盛衰《せいすい》は
隣《となり》の国に　異ならず。文学技芸の　流行も

狭い一つの口を守るのは、袋の口を閉めてそのひもを持つかのようです。

地中海には「じぶらるたる」のほかに丸太《まるた》という島があり、これも英国領です。丸太にある人工島の広さは「じぶらるたる」に劣りません。英国人はこの二ヶ所の要害を占領して地中海に力を奮っています。本文にのどを押さえて背なを打つとあるのは、このことです。

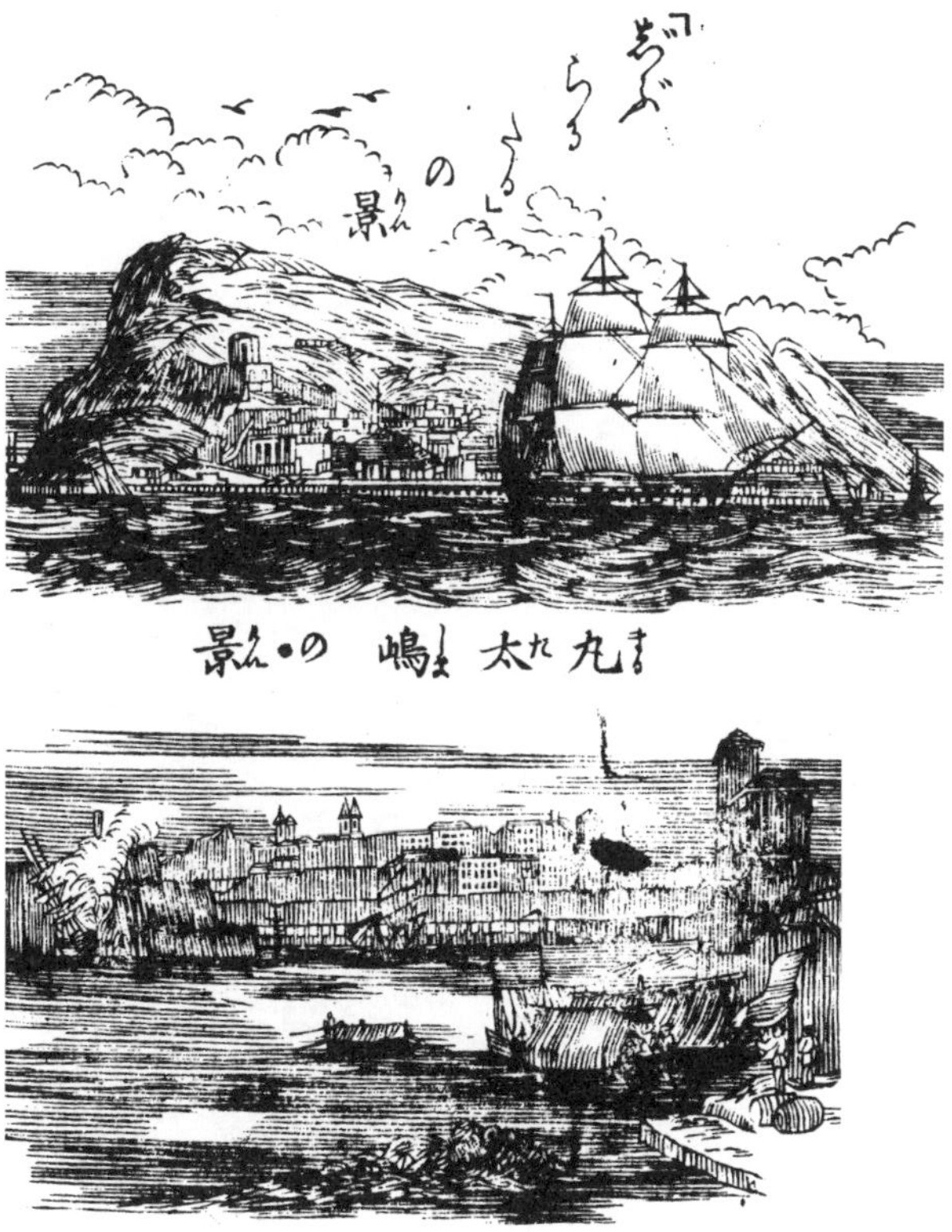

①日本へ外国人が来たのは天文十一（一五四二）年　ポルトガル人が種子島に漂着し、鉄砲をもたらしたのは一五四三年など諸説ある。

今は昔日《むかし》に　こと変わり　目を驚《おどろ》かす　ものもなし。
「里須盆」の　港を去りて　立ち戻り　南《みなみ》
東《ひがし》に　乗り出せば　潮《うしお》の流れ　矢の如《ごと》き
「治部良留多留《じぶらるたる》」の　瀬戸の口　南北僅《わず》か　六、
七里　南のかたは　阿非利加《あふりか》洲　北に対する
「欧羅巴《ようろっぱ》」　二大洲の　国堺《くにざかい》　「治部良留多留」
の　要害《ようがい》は　「地中海」の　喉頭《のんどくび》　地理天険に
従《したご》うて　築き立てたる　砲台は　万古不動の
大盤石《だいばんじゃく》(2)　喉押《のんどお》さえて　背《せ》なを打つ　「英吉利《いぎりす》」
人の　権勢は　地中海に　轟《とどろ》きて　恐《おそ》れ靡《なび》か
ぬ　ものはなし。瀬戸を廻《まわ》れば　「馬里留島《ばりるしま》」
東の方の　「猿路仁屋《さるじにや》」「獅子里《しゝり》」越《こ》えて　「伊《い》

（1）稼ぎの道　生活に必要な収入を得るための仕事。（2）万古不動の大盤石　いつまでも変わらず、堅固で揺るぎないこと。

○獅子里《ししり》も伊太里《いたりあ》の領土です。火山があり、江土奈山《えとなさん》といいます。高さ一万尺（約三千メートル）余り、海からも望み見ることができます。欧羅巴の名山です。

伊太里の南の地方には山や坂が多く、北の地方には平地が多くあります。気候も南は暖かく、北は寒くなっています。国中の人口は二千万人余り、都を「ふろれんす」といいます。名高い学問所があります。もともと伊太里は古くからの文化的な国で古代の書画がたくさんあるそうです。

ローマ法王の領土も最近はだいぶ少なくなりましたが、名所旧跡は多くあり、「しんとぺいとる(1)」などという宮殿

太里国《たりあこく》」　細く長く
長靴《ながぐつ》に　国の　状《かたち》を
擬《なぞら》えて　獅子里島は
靴先の　指の　処《ところ》に
あたるらん。　国の南
北　三百里。　北に　聳《そび》
ゆる　「阿留辺山《あるぺんざん》」　南
は海に　突《つ》き出《い》だし
時候和《やわ》らぎ　地味肥えて　四時の天気　快《こころよ》く
咲《わら》うは春の　山の色　歌うは秋の　水の声　山
と川との　趣《おもむき》は　天下無類の　好風景。　北
の諸方は　やゝ寒く　山田に殖《うゆ》る　桑《くわ》の苗《なえ》　民
の稼《かせ》ぎは　繭《まゆ》ならん。　西海岸は　「羅馬《ろうま》領」
法王御宇《ぎょう》の　霊地《れいち》とて(1)　名所旧跡　かずおおし。
「伊太里国」の　南より　東へ渡り　「希臘《ぎりしゃ》」

は目を驚かすほどです。

○希臘《ぎりいき》は、長い間、土留古《とるこ》の支配となっていましたが、国民がその苦労に耐えかねて、国の回復を計画し、他の国の人々も同情してこれを助け、一八二一年ごろから数年の激しい戦い②のすえ、ついに元の独立国にもどりました。国中の人口は百三十万人、都の名前を安全洲《あぜんす》といいます。

○墺地利《おうすとりあ》の人口は三千五百万人、領土も広くあります。長い歴史のある皇帝の国です。古い翻訳書に独逸帝《どいつ》と書いてあるのは、つまり墺地利帝のことです。昔は、中国民の教育が行き届き、中

①しんとぺいとる　聖ピエトロ大聖堂。②一八二一年ごろから数年の激しい戦い　ギリシア独立戦争。

は　由来ひさしき　国なれど　今は風俗　衰《おとろ》えて　昔日《むかし》の様《さま》の　あとも見ず。北の隣《となり》は「土留古《とるこ》」とて　人情粗《あら》き　一大国。人口三千二百万。国の東西　相分かれ　東は「亜細亜《あじあ》」を　押領《おうりょう》し　本《もと》の政府は「欧羅巴《ようろっぱ》」帝《みかど》の威権《いけん》　限《かぎ》りなく　有《ゆう》司百官《しひゃっかん》(2)　おしなべて　酒色(3)に耽《ふけ》る　悪風俗。知識とぼしく　威《い》は猛《たけ》く　百千万の　生民《せいみん》(4)は　戦《おそ》れ慄《おのの》く　ばかりなり。

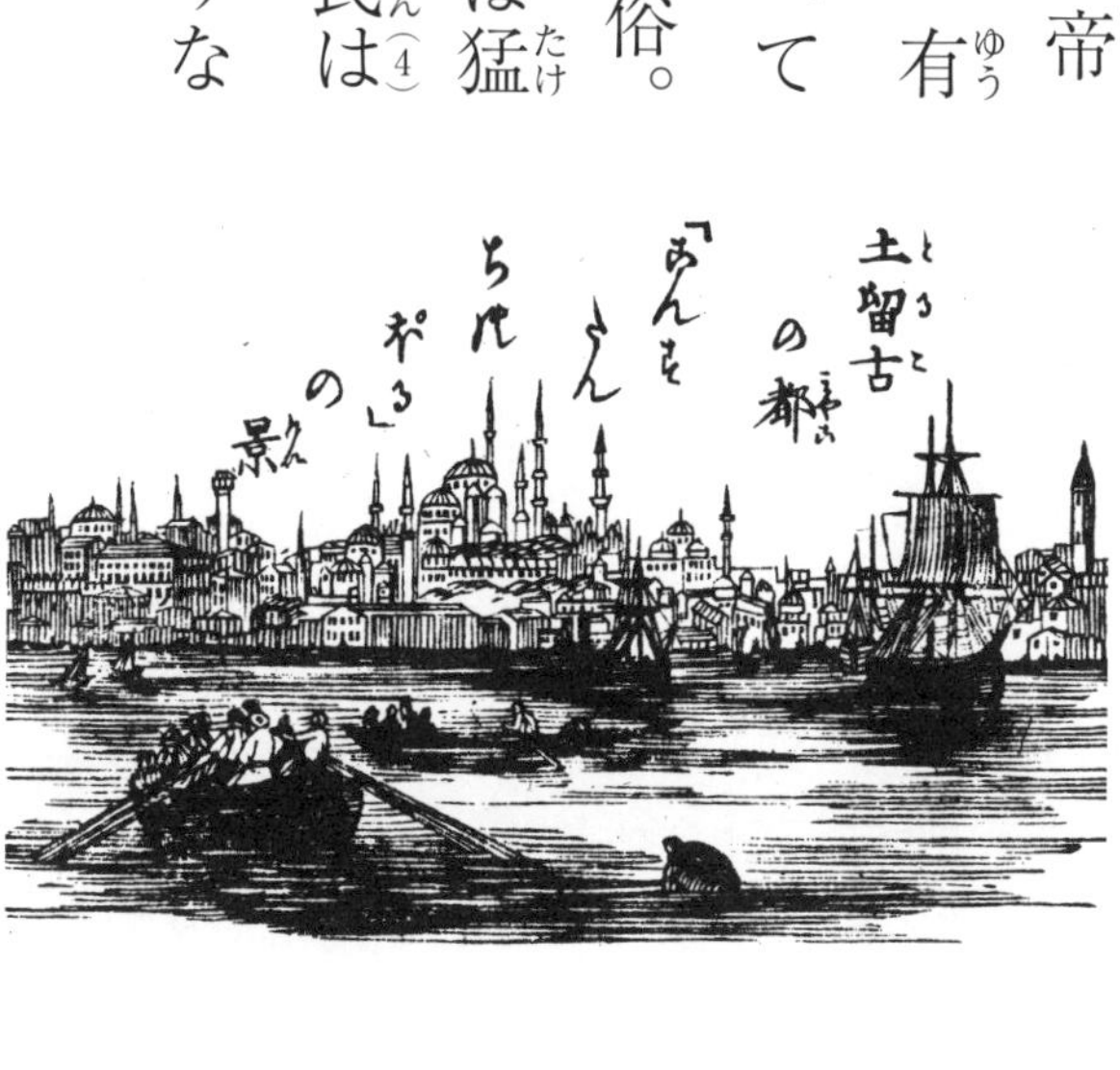

(1)法王御宇の霊地　法王が治める聖地。(2)有司百官　色々な役人。(3)酒色　飲酒と遊興。(4)生民　国民。

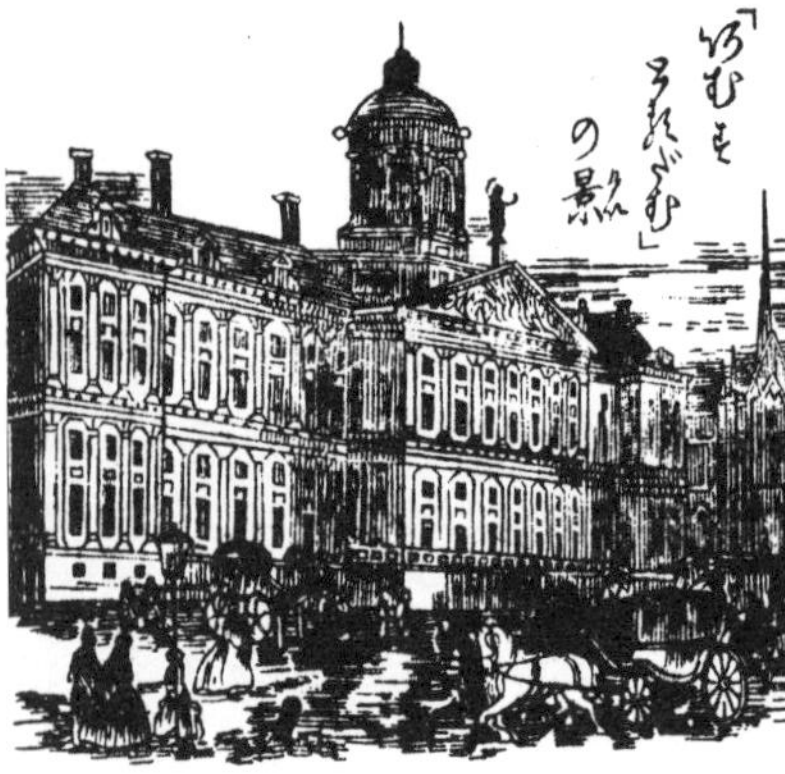

世には次第に衰えようとしていたところ、最近はまた熱心に学問に手数をかけて、学問所なども多くなっています。

○普魯士《ぷろしあ》は、欧羅巴《ようろっぱ》五大国の一つで、文武とも盛んであること、よく行き届いているといってよいでしょう。国中の身分の低い使用人や貧しい農民までも文字を知らない者はなく、兵士の訓練の進め方を知らない者はいません。この前の慶応二（一八六六）年寅年には墺地利と戦って勝利を得て、その時、敵から敵側の小国「はのうふる」をはじめ六、七国を滅ぼして、その領地を合わせ、元々千八百万人の人口が増加して、二千二

「土留古《とるこ》」の北の「墺地利《おうすとりあ》」「魯《ろ》」「仏《ふつ》」に
並ぶ　一帝国。東へ灌《そそ》ぐ「駄入部《だにゅうぶ》」の　河
の畔《ほとり》の「宇陰奈《ういんな》」は　皇帝臨御《みかどりんぎょ》(1)の　大都会。
国に生ずる　産物は　五穀《ごこく》　菓実《くだもの》　苧麻《あさ》　葡萄《ぶどう》
金銀銅鉄　多しとぞ。北に出《い》ずれば「普魯士《ぷろしあ》
国《こく》」人口一千　八百万　民の教《おし》えの　行き届
き　貴賤男女《きせんなんにょ》の　差別《しゃべつ》なく　文字を知らざる
者はなし。文脩《ぶんおさ》まりて(2)　武備起こり　兵士三
十　一万人　旭《あさひ》の昇る　勢いに　四方《よも》の隣《となり》の
国々も　恐《おそ》れて靡《なび》く　ばかりなり。南の方の
小国は「宇留天保留富《うるてんぼるふ》」「馬和里屋《ばわりや》」等　西
の堺《さかい》の「礼陰河《れいいんかわ》」　その源を　尋《たず》ねれば　山阪《やまさか》
高き「瑞西《すいちつる》」国の政事は　共和政　小国な
れど　一様に　文字の教えの　繁昌《はんじょう》し　百工
技芸　手を尽《つ》くし　他の侮《あなど》りを　被《こうむ》らず。

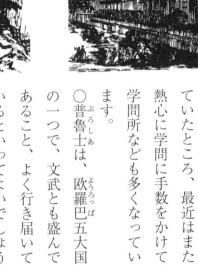

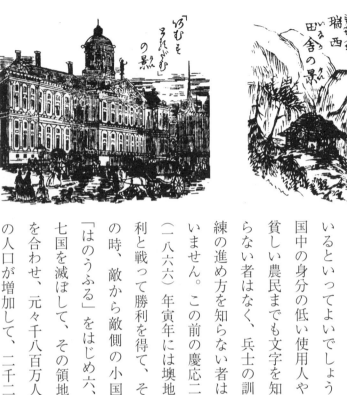

百万人余りにのぼりました。このような大戦争に費やした日数はわずかに五十日ばかりです。現在、西洋ではこの戦争を七七日《しちしち》の戦いといっています。昔と違って何事も手早くなった今の世の中です。

○瑞西《すいちつる》の都を「べるん」といいます。時計細工の名高い所です。この国は山国で人々は皆、質素倹約かつ勇気があります。したがって、小国ですが外国の軽蔑《けいべつ》は受けていません。

○和蘭《おらんだ》の人口はわずかに三百六十万人ですが、あらゆる方面に飛び地の領土が多くあります。国民は皆、学問芸術に精を出し、特に海軍はこの国の優れたところです。都を「はあげ」といいます。市中はきれいですが、にぎやかではありません。国中一番の交易場は「あむすとるだむ」という港です。

○白耳義《べるぎい》は和蘭より分かれた国ですが、全体の土地柄は和蘭よりもよく、さらに国民が農業に精を出して、少しも不毛の土地がありません。鉄、石炭も領土の中から出て、製造品が多くあります。小国ですが、英吉利のような雰囲気です。

○昔、嗹国《でんまるく》は名高い強国で、今に至るまで、あらゆる方面に飛び地の領土が多くあります。元治元（一八六四）年

「礼陰」の流れ　北に出《い》で　その河尻《かわじり》の(3)　「和蘭《おらんだ》」は　一国中に　山を見ぬ　ひくき平地に　河多く　水の患《うれ》い(4)は　来たれども　人の知識の　巧《たく》みにて　諸方に築く　土堤《どて》塘《つつみ》　田畑の業《わざ》に　出精《しゅっせい》し　土地の産物　少なきも　諸国へ渡る　出交易《でごうえき》(5)　人の衣食も　饒《ゆたか》なり。西の隣《となり》の　「白耳義《べるぎい》」は　もと「和蘭」の　土地なれば　その風俗も　異ならず　農工商の　生産《すぎわい》を　つとめて倦《う》まぬ　人情は　国の富強のしるしなり。

「白耳義」去りて　北の方《かた》　ゆき付く先は　「嗹国《でんまるく》」　都は「骨片《こっぺん》　波辺《はあへん》」とて　国中一の　交易場《こうえきば》。　瀬戸を渡れば　「瑞典《すえいでん》」　西の隣の

（1）**皇帝臨御**　皇帝がおいでになる。（2）**文脩まりて**　教育が行き届いて。（3）**河尻**　河口。（4）**水の患い**　水害のおそれ。（5）**出交易**　海外での交易。

骨片波邉遊園の景

子年《ねのとし》、日耳曼《ぜるまん》と戦い①、負けないように必死に防御しましたが、戦う人数が足りずに、遂に和解して南の境「ほるすちん」周辺の土地を失い、国の人口を五十万人減らしました。

○瑞典《すえいでん》、能留英《のうるえい》は一つの政府が支配していますが、両国がそれぞれに法律をもっています。瑞典の国王は毎年、数か月の間、必ず能留英に行って、その国事を治めることをしきたりにしています。瑞典には蒸気機関車の線路が少ししかありません。旅行をするには、道筋の百姓から馬を出させ、三、四里ずつの宿場から宿場へと人を乗せ、荷物を送ることを国の法律にしています。

○二百年前までは魯西亜《ろしあ》も小国で、さらに北方の田舎の国だったので、学問も盛んにならず、人の気性も激しく、荒々しい生活の様子でしたが、一六〇〇年代の終わり日本の元禄年間のころ、平士留《ぺいとる》帝という才知にすぐれ道理に明るい君主が

「能留英《のうるえい》」西と東の
両国を　一《いっ》に合わせて
一王国　西の都は
「錐須知屋奈《きりすちやな》」　東は
「須徳《すとく》　保留武《ほるむ》」とて
共に劣《おと》らぬ　繁華《はんか》の地
二国の人を　合わすれ
ば　その数《かず》四百　三十
万　北地《ほくち》の気候　寒く
して　開けし土地は　稀《まれ》なれど　五穀菓実《ごこくくだもの》　よ
く登《みの》り　山より出ずる　金類《きんるい》の　中にも鉄は
格別に　世界無類の　名品なり。
「須徳保留武」の　港より　まぎれ路《みち》なき
真東《まひがし》は　帝国「魯西亜《ろしあ》」の　都なる　「新都平《しんとぺい》
土留《とる》　保留府《ぼるふ》」なり。抑《そもそも》「魯西亜」の　領

瑞典の都須徳保留武王宮の圖

出て、またたく間に国を改革しました。英国、仏国、和蘭《おらんだ》などのような文明国の様子にならって、学校を設け、海陸軍を整え、国内を守り外国を攻め、欧羅巴《ようろっぱ》諸国と並び立つだけではなく、堂々とした一大国の基礎を築いて、今日に至るまで勢いがあるという名声を世界中にとどろかせています。

魯西亜の都は、もとは「もすこう」という所でしたが、平土留帝の時に北方の海岸に新たに都を開き、これを平《ぺい》土留保留府《とるぼるふ》と名付けました。奈和《なわ》という河のほとりにあって、現在は欧羅巴洲中にも数少ない大都会になりました。ただし、寒気はひどく、冬の間は河に氷が張って、海でさえも氷の上を行き来できます。

魯西亜は、他の欧羅巴の国々と違って、立君独裁という政治のあり方で、皇帝一人が思い通りに勝手にことを始末する状態です。そのため、人々の思いは、政

①元治元（一八六四）年子年、日耳曼と戦い　シュレースウィヒ＝ホルシュタイン戦争。

分は「亜細亜《あじあ》」「亜米利加《あめりか》」「欧羅巴《ようろっぱ》」三大
洲に跨《また》がりて　東西二千　九百余里　南北凡《およ》
そ　一千里　世界の土地を　六《む》つにわけ　一を
有《たも》てる　一政府。生殺与奪《せいさいよだつ》(1)の　権柄《けんぺい》(2)を　握《にぎ》る
は皇帝《みかど》　一人《ひとり》の手　六
千余万の　人民の　上
に立《た》つたる　無二の
君。四海の波も　静
かにて　鎮《しず》まる御世《みよ》の
治《ち》に乱《らん》を　忘れぬ　鑑《かがみ》
明らかに　文武の教え
懈《おこた》らず。兵士の数《かず》は
六十万　国の諸方に

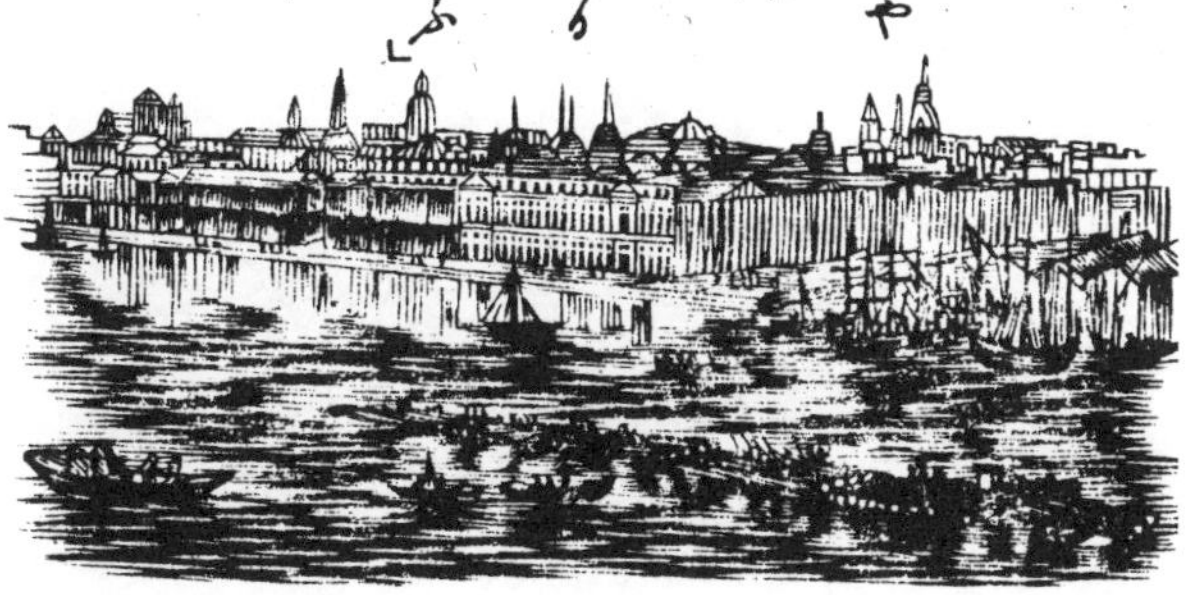

(1) 生殺与奪　生かすも殺すも、与えるも奪うも、思いのままであること。
(2) 権柄　権勢。人を支配する権力。

府には届かずに、国中に不平を抱いている人が多くいます。けれども、この国の特色として北方寄りにあるため、外国の攻撃を受けることが少なく、さらにその軍備が格別によく行き届いていて、例え外敵の攻撃を受けても敗北したことがありません。すでに安政元（一八五四）年に英仏の大軍が黒海より侵入①し、「せぽすとぽる」という所を攻めたことがありましたが、敵味方とも五分の勝敗だったといいます。

「もすこう」は、魯西亜《ろしあ》の旧都で、「ぺいとるぼるふ」の東南百七十里（約六百六十キロメートル）ばかりの所にあります。蒸気機関車に乗って一日で到着することができます。とても人通りが多くにぎやかな都会です。一八一二年「なぽれおん」の大軍が攻め込んだ時、魯人は自ら市中を焼き払ったのですが、その後、また建てなおして、かえって以前よりも美しい町になりました。市中には寺院が多く、有

設けたる　八千九百の
学校に　九十五万の
稽古人《けいこにん》①。学びて習う
芸術も　次第に進む
国の富。富をたすく
る　産物は　五穀《ごこく》
獣類《じゅうるい》　苧麻《あさ》　煙草《たばこ》
「宇良留山《うらるさん》」の　麓《ふもと》に
は　金銀銅鉄　夥《おびただ》
し。出交易《でごうえき》の　繁昌《はんじょう》は　「英」「亜」諸国に
及ばぬも　内に勤《つと》むる　農の業《わざ》　国の力は　日《ひび》
に増し　月に弘《ひろ》まる　堺《さかい》の地　北を守りて
南を攻め　西は遥《はる》かに　「黒海」より　裏海《りかい》の
辺《はて》の　国さかい　近くは「支那《から》」の　満州《まんしゅう》も
半《なか》ばは「魯西亜《ろしあ》」に　併《あわ》せられ　朝鮮国の　堺

名な釣鐘《つりがね》があります。高さ二丈一尺（約六メートル三十六センチメートル）、重さ千六百「とん」、すなわち日本の四十三万三千六百貫目、米にすれば一万八百石余りの重さがあります。

①安政元（一八五四）年に英仏の大軍が黒海より侵入　クリミア戦争。

まで　勢いせまる　双頭《そうとう》の　鷲《わし》の(2)旗影《はたかげ》　颺《ひらめ》き
て　その成功を　急がぬは　雲雨の時を　望む
竜(3)、この行末の　有り様を　今より図《はか》り　定
めんは　知者の見《けん》(4)にも　難《かた》からん。

（1）稽古人　学生。生徒。（2）双頭の鷲　ロシア皇帝の紋章。（3）雲雨の時を望む竜　力を養いながら活躍の機会を待ち構えている様子。（4）知者の見　物事の道理をよくわきまえた人の正しい意見。

解説

福澤が見たヨーロッパ——福澤の渡欧記録と今日の姿

福澤諭吉は、『世界国尽』の発刊を前に遣欧《けんおう》使節団の一員として、一八六二（文久二）年に渡欧《とおう》しました。福澤が現地で見聞したこと、辿《たど》った道のりの当時と今を、概観《がいかん》してみましょう。

人口と国

福澤は、「欧羅巴洲《ようろっぱ》のこと」の冒頭で「欧羅巴の人別は二億六千二百万人、その内十分の九は白人の種なり。」と述べています。当時のヨーロッパは、十八世紀後半の産業革命以降、急激に人口が増加していました。その数は、一八〇〇年の時点で一億八千七百万人でしたが、一九〇〇年には四億百万人になりました。しかも、単に増えたばかりでなく、この他にヨーロッパからアメリカ大陸へ渡った人もかなりの数に上りました。この間の人口増加率は、世界全体のそれを上回っていました。人口の面からもヨーロッパが世界におよぼす影響を窺《うかが》い知ることができます。この後、ヨーロッパの人口は、二〇〇〇年には七億二千九百万人に達し、ピークを迎えました。この先の人口は、二十一世紀前半の終わりにかけて緩《ゆる》やかに減少を始めることが見込まれています。人種については、ヨーロッパの国々の多くで白人の占める割合が依然として高くなっています。移民を受け入れる動きが見られるものの、全体に占める割合は限られたものにとどまっています。

国について福澤は、「大小四十九、王国もあり、公国もあり、」と記しています。現在のヨーロッパにおける国の数は四十五です。当時と現在では、ヨーロッパの範囲・国名・国境の位置・政治体制などが大きく異なる例が少なくありませんが、結果として国の数は大差ないものに落ち着いています。

また、福澤は、ヨーロッパの国々を語る上で外すことのできない国外領土についても、この欧羅巴洲で触れながら解説しています。特にイギリスについては、具体的な数値を挙げたり、地理的要衝《ようしょう》をおさえる例を示したりしつつ、勢力の及ぶ大きさをわかりやすく説明しています。

イギリス

「欧羅巴洲のこと」では、福澤がヨーロッパのいくつかの国について解説しています。その中で最も多くの紙幅《しふく》を割いている国がイギリスです。福澤を含めた遣欧使節団一行は、ヨーロッパの中で十をこえる町に滞在しましたが、このうち最も多くの日数を確保したのは、イギリスのロンドンでした。四十五日間におよぶロンドン滞在中に福澤は、「欧羅巴洲のこと」で紹介した発明品を実際に見学しました。例えば、現在の電話の元となった伝信機については、福澤が旅行中に記した『西航記』に次のような記録が残っています。

「五月九日　テレガラーフ傳信器《でんしんき》局に行く。龍動《ろんどん》府中にテレガラーフ局十餘《あまり》あり。此局最も大なり。機器七、八十。英國内の諸方又《ま》た外國えも通ず。」

このように、『世界国尽』の執筆にあたっては、福澤が実際に見聞した経験がいかされています。

ロンドン郊外にある元の王立グリニッジ天文台

ロシア

イギリスを後にした福澤は、ロシアのサンクト・ペテルブルクに約四十日にわたって滞在しました。当時のサンクト・ペテルブルクは、ロシアの首都として栄えてい

福澤が渡欧中の足跡を記した西航手帳
（慶應義塾福澤研究センター蔵）

ました。福澤は多くの施設を見学しましたが、その時に得た内容は「欧羅巴洲のこと」にほとんど記していません。ロシアには、イギリスと同等の紙幅を割いたにもかかわらず対照的です。そればかりか福澤は、政治体制を批判しており、平等自由とはならない国民に同情を寄せています。

フランス

福澤は、イギリス・ロシアへの訪問を挟《はさ》んでフランスのパリに延べ三十七日間にわたって滞在しました。しかしながら、この時に見聞した事柄は、「欧羅巴洲のこと」のフランスではあまり触れていません。イギリスやロシアに次いで取った行数の多くを、ナポレオン一世にまつわるフランスの歴史に費やしています。一行がパリを訪れた時に、ナポレオン一世は既にこの世を去ってナポレオン三世の時代に入っていましたから、福澤は色濃く残った一世の存在感を描き出したということになります。福澤の足跡を『西航記』で辿ると、マドレーヌ寺院やフランス学士院といった、ナポレオン一世とかかわりのある施設を訪れていることがわかります。

辿った道のりとその現在

福澤は、ヨーロッパの中を移動する際の手段として、鉄道・車・船を利用しました。この頃の日本は、鉄道はまだ開通していませんでしたし（十年後の一八七二年に開通）、自動車も走り始めていませんでした（一九〇〇年前後に海外から持ち込まれたといわれています）。また、飛行機が初めて空を飛ぶまでには、約四十年も待たなければなりませんでした（一九〇三年に初飛行）。したがって、福澤たちが利用した移動手段は、当時としては一般的というよりはむしろ、先進的な乗り物であったといえます。福澤は、この旅の往路（エジプトのスエズからカイロ）で初めて鉄道に乗りました。ヨーロッパに上陸したフランスのマルセイユから先も、たびたび鉄道を利用した記録が『西航記』に残っています。

「三月七日　朝第十時「マルセイル」より蒸氣車《じょうきしゃ》にて晩六時「リヲン」に着す。「マルセイル」より巴里斯《ぱりす》まで六百六十里（佛《ふつ》の里法二百二十里）

八日

「リヲン」に宿す。但《ただし》本日は日曜にして蒸氣車を出さず。

九日

朝第十時蒸氣車發《はっ》し晩第六時過ぎ巴里斯に着。」

つまり、福澤は、マルセイユからパリまでを二泊三日かけて移動したことになります。しかも日曜日は列車が運休というのも、今では考えられない話です。ただし、列車の速度について所要時間を元に計算すると、平均時速五十キロメートルにせまります。これは、今日の自動車が街中を走るくらいの速さですから、当時としては有効な移動手段でした。

　福澤が辿った経路はその後、ヨーロッパでは初となる高速新線が整備されました。今日、高速列車ＴＧＶは最高時速三百二十キロメートルで、マルセイユからパリまでのおよそ七百五十キロメートルを、途中どこにも停まらず最短三時間五分で結んでいます。福澤と同じように朝十時にマルセイユを出発すれば、パリで少し遅めの昼食を楽しむことができる時代になりました。まさに隔世《かくせい》の感があります。

マルセイユからパリを目指して疾走《しっそう》する高速列車ＴＧＶ

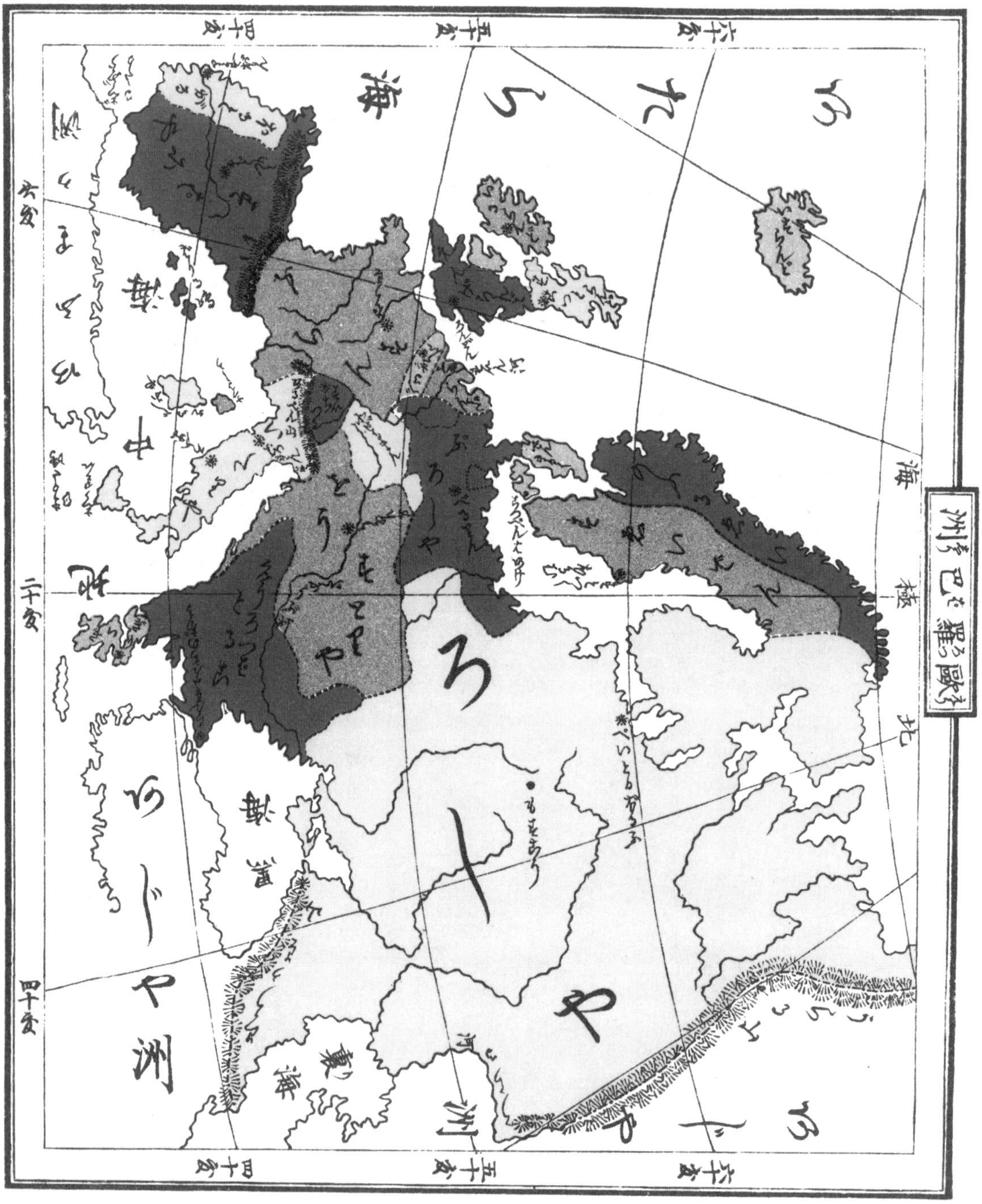
歐羅巴洲
北極海

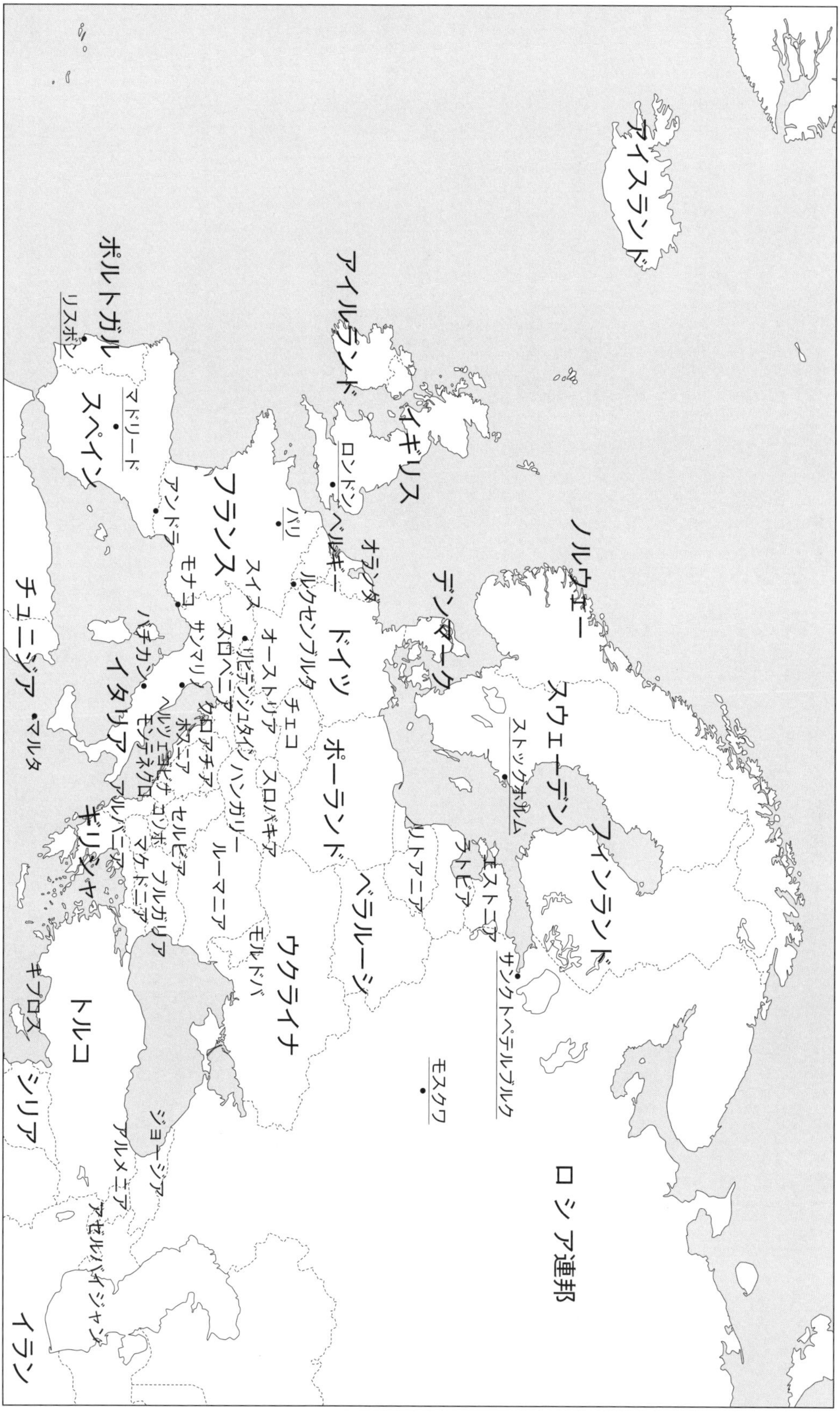

ヨーロッパ州と周辺の国々（2017年）

頭書大全

世界國盡

北亞米利加洲

四

四の巻　北亜米利加洲

北亜米利加《あめりか》のこと

一四〇〇年代の末日本では足利将軍の室町時代伊太里《いたりあ》に古論武士《ころんぶす》という人がいました。羊の毛を紡《つむ》ぐ仕事をする貧しい家の子でしたが、航海の技術を身に付け、その志の高さは普通の人ではありませんでした。古論武士は、世界の形は丸いのだから、東の方に印度《いんど》などの土地があれば、西の方にも必ず土地があるだろうと、一人考え、主張しました。彼は、西班牙《いすぱにあ》の王にこれを説明し、王妃《おうひ》の助けで船を三隻用意して、西の方角を目指して出航したところ、思った通りに陸地を発見しました。時は一四九二年、日本の暦《こよみ》でいうと明応元年のことです。これ以降、欧羅巴《ようろっぱ》の国々の人は、しきりに行き来しては、豊かな土地を見つけ、見つける度に欧羅巴の本国から移民を送って新しい土地を開発し、多くの利益を得ました。土地の形によって、地理

北亜米利加洲《あめりかしゅう》

「亜米利加」は　西に離《はな》れて　新世界　瓢子《ひさご》の状《なり》に　横たわり　北は「馬良尾《ばらお》」の　岬《みさき》より　南の瀬戸《せと》の「麻瀬蘭《まぜらん》」へ　長さ四千　二百余里　北とみなみの　二大洲　地理[1]の続きは「巴奈馬《ぱなま》」なる　地峡の亘《わた》り　二十余里　東のかたは「阿多羅海《あたらかい》」にしに廻《まわ》れば「太平海」　海の西なる　日本より「北亜米利加」へ渡海《とかい》して「雁保留仁屋《かりほるにや》」の　港まで　東西二千　五百余里　世界無二の　大洋なり。北にまわれば「魯西亜領《ろしあ》」「北亜米利加」の　西の隅《すみ》　支配の土地は　広けれど　人民僅《わず》か　五、六万　寒気厳《きび》しく　土地瘠《や》せて　人の稼《かせ》ぎは

の学者はこれを南と北の二大洲に分け、また亜細亜《あじあ》、阿《あ》非利加《ふりか》、欧羅巴を旧世界といい、亜米利加を新世界ともいいます。

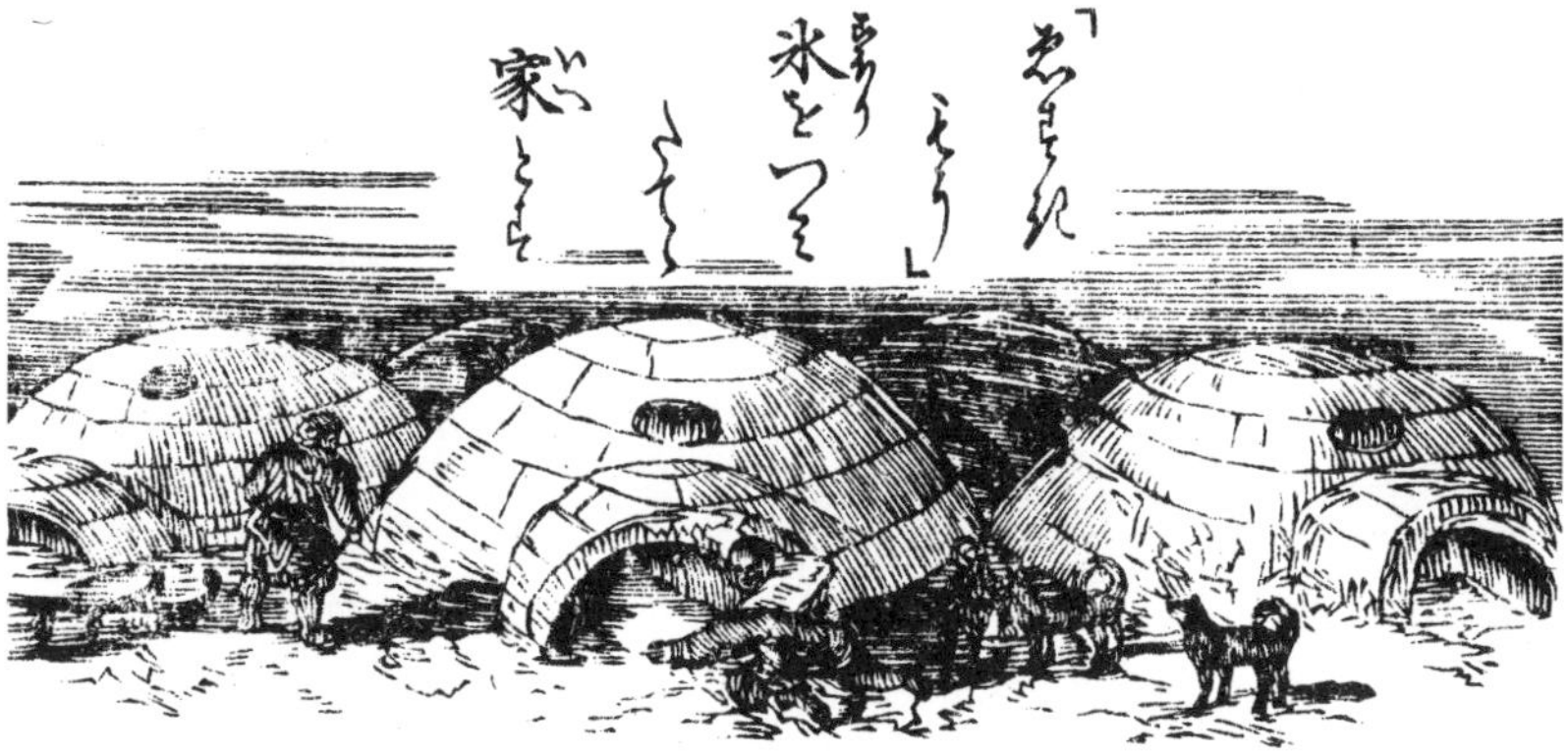

○魯西亜《ろしあ》領の亜米利加はただ土地が広いだけで産物も多くありません。慶応三（一八六七）年卯年《うのとし》、亜米利加合衆国の政府は、七百二十五万「どるらる」①でこの土地を残らず買い取り、今は合衆国の領土となりました。亜米利加の北方に住んでいる先住民は「ゑすきもう」②という人種で、背の高さは五尺（約百五十センチメートル）に満たないほどです。世間に広く使われる文字はなく、文明は未発達

①どるらる（dollar）　ドル。②ゑすきもう（Eskimo）　エスキモー。現在はイヌイットと呼ぶ。

漁猟《ぎょりょう》のみ。東の方《かた》へ　離れたる「具理陰蘭《ぐりいんらん》土《ど》」「伊須蘭土《いすらんど》」その本国は「嗹国《でんまるく》」北極ちかき　寒帯の　寒気に積もる　千秋《せんしゅう》⑵の　雪や氷の　間より　煙《けぶり》吹き出す　噴火山　実《げ》に珍《めずら》しき　景色なり。

「英吉利《いぎりす》」領の　亜米利加は　北極海の　辺《ほとり》より　南に隣《とな》る　「合衆国《ごうしゅうこく》」「北亜米利加」を三《み》つにして　その一分《ぶん》の　土地なれど　北は不毛の　荒《あ》れ野《の》にて　人民　僅《わず》か　十八万　処《ところ》さだめし　家もなく　無知文盲《むちもんもう》の　野《や》民《みん》⑶のみ。南《みなみ》　東《ひがし》は

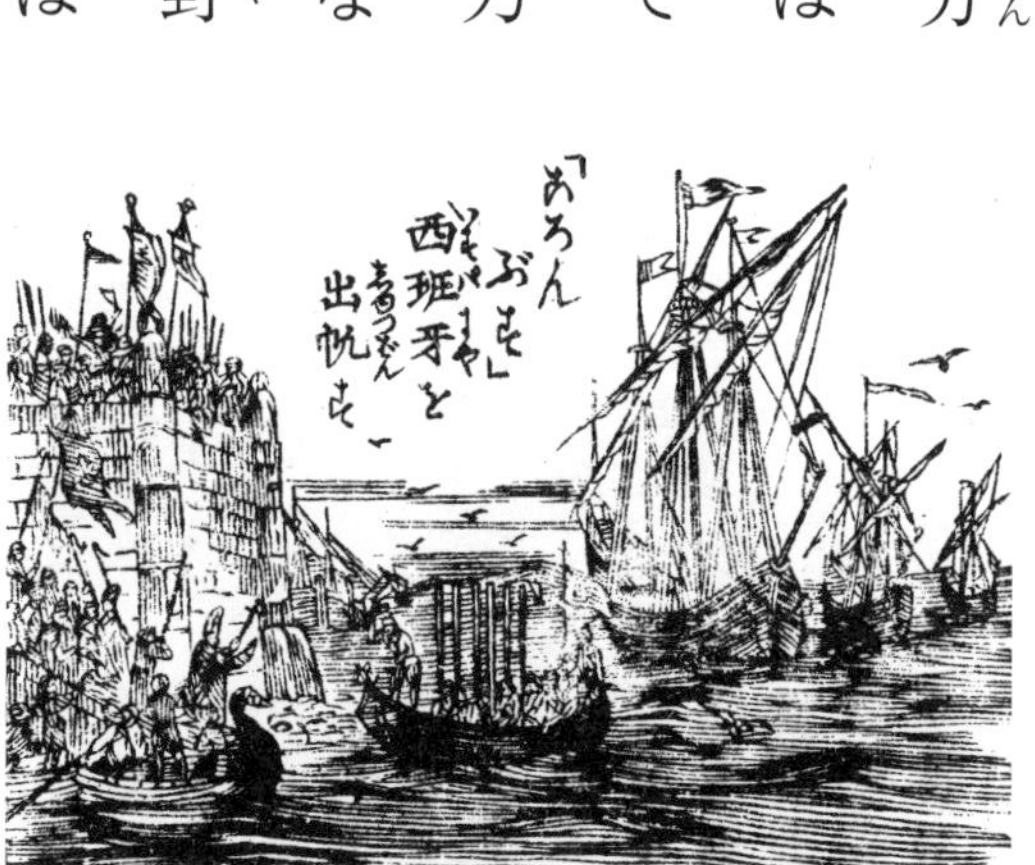

（1）地理　土地。陸地。（2）千秋　長い年月。（3）野民　辺境未開の人々。

です。寒い国のことなので穴を掘って住んでおり、衣食ともに清潔とはいえない様子です。また、氷を積み上げて穴蔵のような家①を作る場合もあります。

「ゑすきもう」のほかに「いんぢやん」②という人種があります。つまり亜米利加《あめりか》の先住民とは、この人々のことをいいます。昔「ころんぶす」が亜米利加を発見する前よりこの国に住んでいる人々で、太古からの亜米利加人であるけれども、荒っぽい性質で文字を使わず、定住の家もなく、山野を歩き回り弓矢を使って獣《けもの》を殺し、その肉を食べ、皮を服にして生活を送っています。欧羅巴《ようろっぱ》人が亜米利加に移り住むようになってから、これら先住民を追い払い、町に出てくることを認めず、先住民の数は次第に減少しているようです。

○金田《かなだ》の土地は、近ごろますますにぎわい、ところどころに学校も多く、行き来には蒸気機関車や湖水に浮かんでいる蒸気船の便があり、商売の面もたいへん盛んです。西洋人の言うところでは、この土地もゆくゆくは英吉利《いぎりす》の支配から独立するか、または合衆国に加わって一つの政府になるだろうとのことです。

○前にもいったように、亜米利加洲を発見した後は、欧羅巴諸国から家を移して三百年ばかりの間に次第に人口が増

「金田《かなだ》」の地　気候次第に　和《やわ》らぎて　人民多く　繁昌《はんじょう》し　みな境《さかい》の　湖水より　流るゝ河は　「老蓮洲《ろうれんす》」　河の畔《ほとり》の　「喜別久《きべつく》」に　築き建てたる　砲台は　金《きん》城《じょう》湯《とう》池《ち》の　かまえにて①　世の諺《ことわざ》に　「亜米利加《あめりか》」の　「治《じ》部良留多留《ぶらるたる》」と　ゝなえけり。河の流れを　溯《さかのぼ》り　「門土里留《もんとりいる》」は　河中《かわなか》の　嶋に開きし　交易場《こうえきば》　西に上りて　「小田羽河《おたわがわ》」　河のみなみに　「小田羽府」は　「英吉利国《いぎりす》」の　代官所②　北は北極　西方は　「太平海」の　水浜《みぎわ》より　ひがしの方《かた》は　「阿多羅海《あたらかい》」　「新見《しんみ》の国」の

えました。今の合衆国の東海岸の土地は英吉利の領地で、産業も盛んになってきたので本国政府が税金を取ろうとしたところ、領土の町人や百姓などが言うには、「何億もの人々が天地の間に生まれ、貧富や強弱の差はあるでしょうが、男は一人の男であり、女は一人の女なのです。他人のさまたげをしなければ、他人からも、さまたげられるという道理はありません。今この土地にいて、それぞれの家業を営んで、それぞれ相談しあって国中の監督も行き届き、本国の世話を受けなくても自分たちの力で国を治める覚悟があるところに、政府から色々の命令が下され、理由もなく税を取り立てようとするのは、いらない世話をして庶民の仕事を妨害するだけでなく、人の物を奪い取って地位の高い

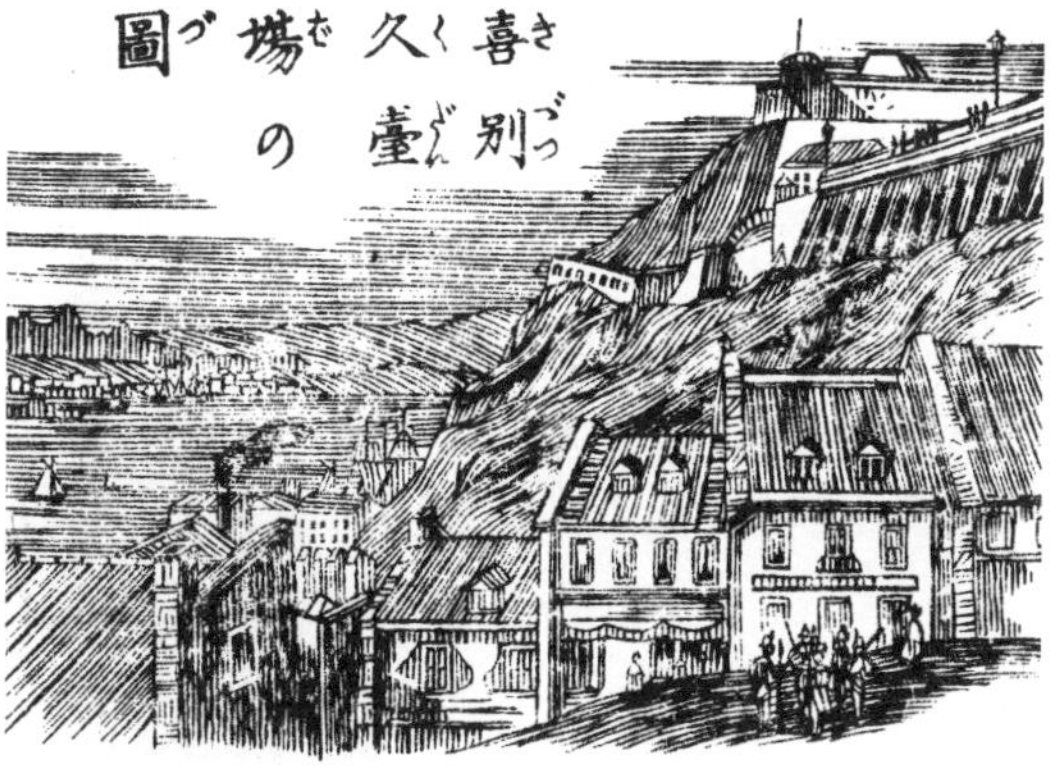

①**氷を積み上げて穴蔵のような家**　イグルー。②**いんぢゃん**（Indian）　アメリカ・インディアン。アメリカの先住民のことで、現在はネイティブ・アメリカンと呼ぶ。

果《は》てまでも　一手《ひとて》に握《にぎ》る　総奉行《そうぶぎょう》(3)　「北亜米利加」に　「英吉利」の　威勢《いせい》を振《ふ》るう　根本《こんぽん》は　「金田」地方の　所領なり。

普天《ふてん》の下《した》に　土地広く　卒土《そっと》の浜《ひん》(4)に　民多し。　億のみならぬ　生霊《せいれい》の　貧富強弱　賢不肖《けんふしょう》(5)　その趣《おもむき》は　異なれど　耳目鼻口《じもくびこう》　四肢《しし》の官《かん》(6)　是非曲直《ぜひきょくちょく》を　分別《ふんべつ》し　善に従う　本心と　学びてすゝむ　才能は　一種無類　万物の　霊《れい》に具《そなわ》る　天の性《せい》

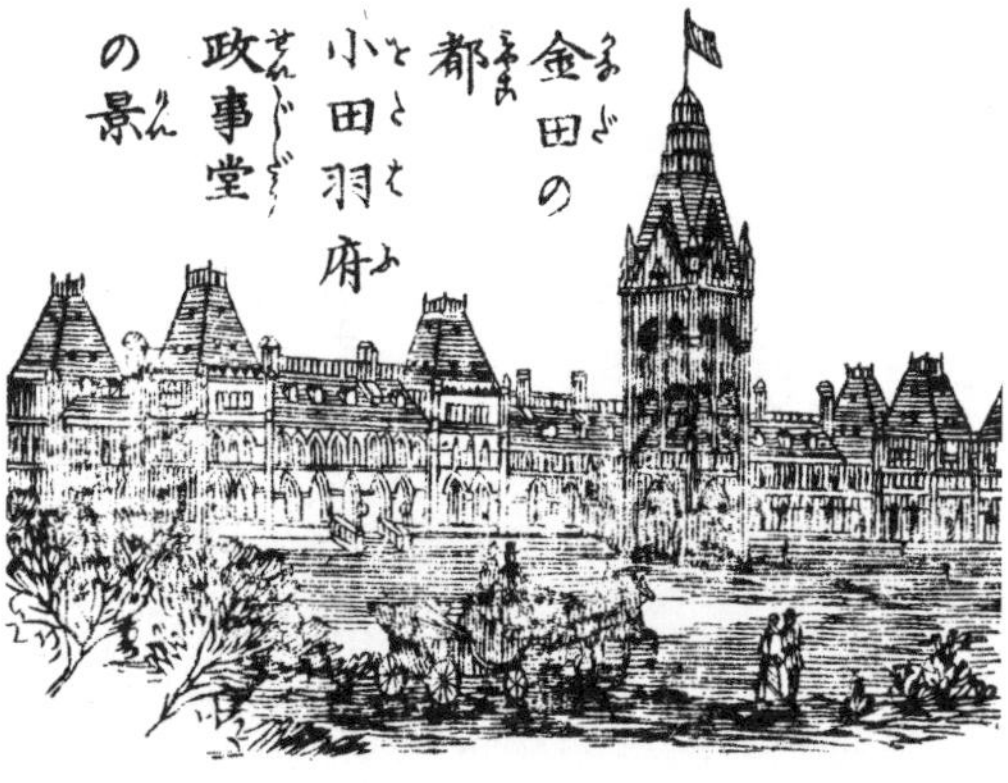

（1）**金城湯池のかまえ**　非常に守りが固い。（2）**代官所**　総督府。（3）**総奉行**　総督。（4）**普天の下・卒土の浜**　天下。卒土（普通、率土と書く）は国の果てのこと。（5）**賢不肖**　賢さと愚かさ。（6）**四肢の官**　手足の働き。

人たちの必要なものを満たそうとする不届きなふるまいです。たとえ、国王政府の命令であっても、これには承知できない」として、とうとう独立のための兵を挙げることに決定しました。時は、一七七五年、つまり日本の安永四年のことです。

英国の本国からも軍勢が差し向けられ、国の力をもってこれを鎮めようとしますが、亜米利加《あめりか》人はいうまでもなく必死の覚悟を決めていて、老若男女、独立のための戦いと聞いて、喜ばない者はなく、町人は天秤棒《てんびんぼう》を持って町中から行動を起こし、百姓はすきやくわを手にさげて畑から駈け出すほどの勢いなので、なかなか穏やかに済ませることができず、一七七五年四月十八日「れきしんとん」という場所で、開戦の火ぶたが切られ①、五月には「ぶんける」山で戦争がありました。これらの戦いから一国あげての騒ぎとなって、「わしんとん」が推されて総大将となり、翌年の七月四日には四十八人が独立の文書を布告して、人々の気持ちはますます高まりました。昼夜の戦争は勝ちもあり

千古不易《ふえき》(1)の　一大義　こゝろを労し　身を役《えき》
し　他人の熱を　仮《か》らざれば　ひとへも貸さじ
我《わ》が自由　天の道理に　基《もと》づきて　国に報《むく》ゆる
丹心《たんしん》(2)の　誠《まこと》にいでし　一国の　不羈《ふき》独立の
勢いは　留《と》めんとすれど　止まらず　「北亜米《あめ》
利加《りか》」の　十三洲　その本国の　政府より　威《い》
光《こう》を以《もっ》て　命じたる　名もなき貢税《みつぎ》(3)　いたさじ
と　告げんとするに　便りなく　民に備《そな》うる
天然の　自由の趣意《しゅい》も　日々《ひび》に　蹙《ちぢ》まることぞ
遺恨《いこん》なる。遺恨に遺恨　かさなりて　頼む所
は　天地の理　頃《ころ》は安永《あんえい》　五年の秋　十三洲の
名代人《みょうだいにん》(4)　四十八士の　連判状《れんぱんじょう》　世界に示す
檄文《げきぶん》(5)に　「英吉利王《いぎりす》」の　罪《つみ》を責め　自ら建て
し　合衆国《ごうしゅうこく》　武器　兵粮《ひょうろう》も　乏《とぼ》しき民　数万《すまん》の
敵は　海を越《こ》え　新手《あらて》引き替え　せめ来《き》たる

負けもあり、様々に苦労が続くその様子は、文章に表しきれないものでした。人々の誠意ある心と、天の恩恵により、遂に勝利を得て英吉利《いぎりす》と和平を結び、国の政治を定めて共和国政府を建国し、「わしんとん」を大統領に任命して、一大国の基礎を築きました。

今回、亜米利加で戦争が起こったのは、誰か一人が指導者になったわけでもなく、国中の人々の多くが独立を望み、女性や子どもまでも、その気質を備えていたことで、英吉利より派遣した政府軍の勢いをもってしても亜米利加に勝てなかったのに違いありません。もはや戦争が起こる以前の問題だったのです。「ぼふすとん」というところで、ちょうど冬の日、町の子どもたちが雪を集め、家や雪だるまを作るなどして遊んでいるところへ、英吉利政府軍の歩兵がやってきて、何の気持ちもなくこれを邪魔《じゃま》することが何度もあったので、子どもたちは大いに腹を立て、英吉利の将軍「げいじ」が外出するところを待ち構えて、将軍に訴《うった》えたいことがあると呼びかけました。しかし、将軍はあざ笑って、お前たちも親に反乱のことを教えられてここに来たのかと言うと、子どもたちは気おくれする気配もな

①「れきしんとん」という場所で、開戦の火ぶたが切られ　レキシントン・コンコードの戦い。アメリカ独立戦争が始まるきっかけとなった戦い。

猛虎飛竜《もうこひりょう》の　勢い(6)に　おそれ撓《たゆ》まぬ　鉄石の
こゝろ(7)に誓《ちか》う　国のため　失う生命《いのち》　得《う》る自由
正理(8)屈《くっ》して　生きんより　国に報《むく》ゆる　死を取
らん　一死決して　七年の　長《なが》の月日の　守《せめ》
攻《まもり》　知勇義の名を　千歳《せんざい》に　流す血の河　骨
の山　七十二戦の　艱難《かんなん》も　消えて忘るゝ　大
勝利　目出度《めでた》くこゝに
「英吉利」と　和睦《わぼく》結
びし　新条約　約束固
き　政《まつりごと》　政体あり
て　主君なく　天下は
天下の　天下なり　四

(1) 千古不易　永久に変わらないこと。(2) 丹心　偽りのない心。まごころ。(3) 名もなき貢税　不当な課税。(4) 名代人　代表者。代議士。(5) 世界に示す檄文　独立宣言のこと。(6) 猛虎飛竜の勢い　勢いの盛んなこと。(7) 鉄石のこゝろ　きわめてかたい志。(8) 正理　正しい道理。

く将軍をにらみつけ、「自分たちは人の指図を受けてやってきたのではない」と言い返しました。「今日、将軍に不平を言いに来たのは、ほかでもない、自分たちはこれまで英吉利《いぎりす》政府軍に対し失礼なことをした覚えがないのに、歩兵の人たちは理由もなく私たちの作った雪だるまを踏み崩し、池の氷を割って自分たちの楽しみの邪魔をしたのです。その乱暴を止めようとしても笑って答えずに、かえって自分たちを謀反人《むほんにん》などと呼んで、まったく取り合ってくれません。上官に言っても、やはり同じような受け答えだけです。昨日も、雪の家を壊すこと、すでに三度にも及んでいます。もはやこのまま放っておくわけにはいかないと思い、こうなったら将軍に裁きを求めるだけです」と、怖がることも遠慮もなく筋道の立った言い方で述べたので「げいじ」もその気性に感心し、「さすが亜米利加《あめりか》の自由な空気の中で育った子どもたち、勇まし

年交代《かわり》の　大統領　上院下院の　評議役《ひょうぎやく》　一
国中の　便不便　議《はか》り定めし　法律の　威《い》は行
われ　猛《たけ》からず　次第に進む　国の富　百工製
作　商売は　「英吉利《いぎりす》国」と　肩並べ　文教技
芸　学校は　「仏蘭西《ふらんす》国」の　右にいで　土地
よりいずる　産物は　五穀《ごこく》　獣類《じゅうるい》　綿　煙草《たばこ》
葡萄《ぶどう》　菓実《くだもの》　甘蔗《さとうきび》　金　銀　銅　鉛《えん》　鉄　石
炭　凡《およ》そ世間の　日用に　百物一《ひゃくぶついつ》も　不足な
し。　衣食を逐《お》う　人の情　求め得易《えやす》き　活計
を　たずぬる人は　四方《しほう》より　日《ひび》に集まり　月
に増し　人口三千　有余万　新地開発《かいほつ》　おこた
らず　漸《ようや》くひらく　国堺《くにざかい》　東西一千　三百里
北と南に　七百里　十三洲の　本領も　今はそ
の数《かず》　三倍し　三十六洲　並び立つ　その中心
は　「和新頓《わしんとん》」　府内に開く　政事堂(1)　高さ二百

い心を持っているものだ。以後、けしからぬことをする歩兵がいれば必ず処罰しよう」と言って、そのふるまいを誉めて返したとの話があります。

合衆国の東海岸には、入世留久《にゅうよるく》のほかに「ぼふすとん」「ふひらでるひや」「ばるちもふる」など数多くの都会があり、文学や美術、芸能が盛んで、製品が造られ商売が繁《はん》盛《じょう》する様子は、英吉利や仏蘭西《ふらんす》と変わりありません。南のいくつかの州には米、麦、綿、煙草《たばこ》などの産物が多くあります。東北の州は商売に精を出し、南方の州は農業に励んでいるといいます。

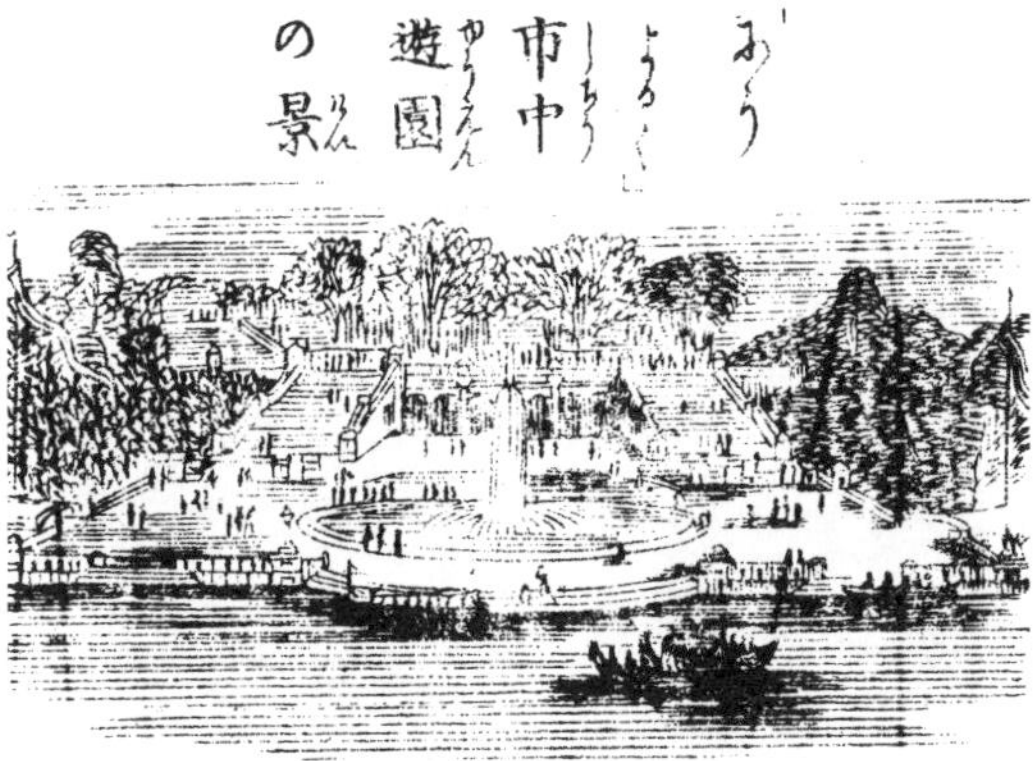

「かりほるにや」の金山は、いうまでもなく世界一です。このほかに合衆国の領土には、金、銀、銅、鉄の出る所がひじょうに多くあります。いずれも蒸気仕掛けの道具を使って工夫をこらし、日本の金山とは大いに異なるようです。

○女喜志古《めきしこ》はもと西班牙《いすぱにあ》の領土でしたが、一八二一年に独立して、州が連合した

八十尺　衙門楼閣《ごもんろうかく》（2）　巍々《ぎぎ》として（3）　結構《けっこう》のこるところなし。西の世界に　独立し　威《い》をとゞろかす　大国の　議政為政《いせい》（4）の　源《もと》なれば　その洪大《こうだい》も　道理なり。「和新頓」より　北の方百里へだて、「入世留久《にゅうよるく》」人口凡《およ》そ　一百万　国中一の　交易場　その繁昌《はんじょう》は「英吉利」の「論頓府《ろんどんふ》」にも　彷彿《ほうふつ》たり。西にまわりて　海岸の「雁保留仁屋《かりほるにや》」は　金《きん》の里《さと》　嘉永《かえい》三年　事《こと》始《はじめ》　はじめて洲を

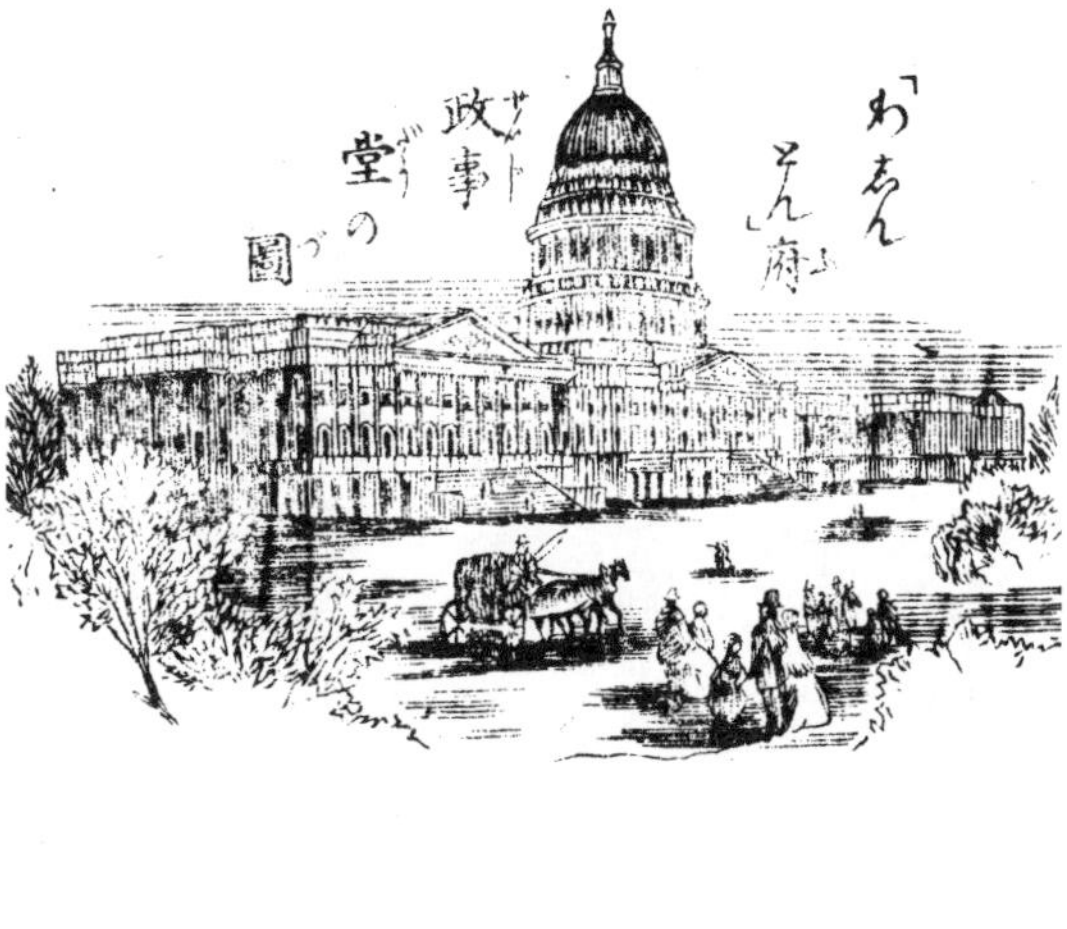

（1）政事堂　議事堂。（2）衙門楼閣　官庁、役所の建物。（3）巍々として　高く大きい様子。（4）為政　政治を行うこと。

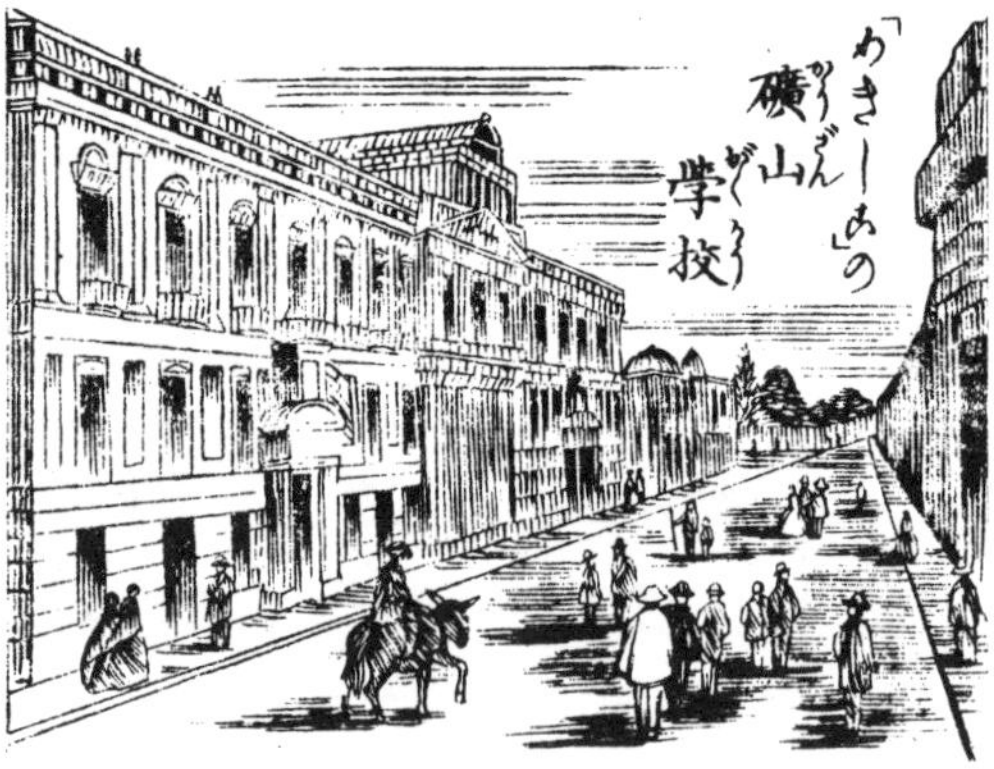

政府をつくりました。一八六四年仏蘭西《ふらんす》に攻め滅ぼされ、仏国の命令で「まきしみりやん」という人を皇帝にしましたが、わずか二年、慶応三（一八六七）年卯年《うのとし》に国中がまた乱れて皇帝を殺してしまいました。

「めきしこ」からとれる金属類の中で最も多いのは銀です。東洋の諸国に向けてその銀貨を積み出し、日本で洋銀といわれるものも、やはり「めきしこ」の「どるらる」銀貨です。

女喜志古《めきしこ》の西海岸に赤《あか》保留古《ぼるこ》という良港があります。郵便貨物船などは必ずここに立ち寄るようです。

○中亜米利加《あめりか》の諸国ももとは西班牙《いすぱにあ》の領土でしたが、

建てしより　人《じん》戸俄《こにわか》に　繁殖《はんしょく》し　たみの稼《かせ》ぎは　金山《きんざん》の　業《わざ》のみならず　牧《まき》　田畑《たはた》　百《もも》の職業　忙しく　太平海の　海岸に　ひとり繁華《はんか》を　誇《ほこ》るとぞ。

「女喜志古《めきしこ》」の　北の界《さかい》は　合衆国《ごうしゅうこく》　南東《みなみひがし》へ　横たわり　「女喜志古湾《わん》」に　さしのぞみ　「中亜米利加《ちゅうあめりか》」に　界して　南北凡《およ》そ　八百里　東西三百　三十里　人口八百　三十万　土地に生ずる　産物は　衣食の用に　不足なし。用いてある　金と銀　世界中に　積みいだし　富国利用の　源《みなもと》は　汲《く》めども尽《つ》きぬ　淵《ふち》なれど　政府の基《もとい》　固からず　民の信仰《しんこう》　浅くして　しば〳〵かわる　政《まつりごと》　浮きつ沈みつ

一八二一年、本国の手を離れてしばらくの間、女喜志古に味方して、二年経って独立の政府となり、その後、また各国分かれてそれぞれ州が連合した政府をつくりました。産物は、金、銀、銅、鉄、材木、薬種が多くあります。

○古論武子《ころんぶす》が亜米利加を発見する以前、欧羅巴《ようろっぱ》の人々が行き来して地理やその土地のならわしや習慣を知ることができたのは、ただその本国の近くにある伊須蘭土《いすらんど》、阿非利加《あふりか》洲の北海岸、小亜細亜《しょうあじあ》、荒火屋《あらびや》の海岸より遠方は後《こう》〔前〕印度《いんど》のみです。つまりここに示した図の中の白いところです。そのほかのところは、何も知りませんでした。ただ、この世界は丸いものであるという法則を信じて、西の方向にも陸があるだろうと思い、その通り、陸を発見したのです。それで猿《さる》和土留《わどる》の島を見て印度の地続きと思い込んだのに違いありません。その時の島に

国の乱　民の開化に　遑《いとま》なし。「女喜志古」の　みなみにつゞく　数箇国《すかこく》は　中亜米利加の　地を占《し》めて　割拠自立《かっきょじりゅう》(1)の　体《てい》なれど　割《さ》けて互《たが》いに　分かるれば　各《おのおの》　守る力なく　彼我同力《ひがどうりょく》(2)の　約束し　合《あ》えばたがいに　一致せず　唯《ただ》時々の　勢いに　流れ従い　行《ゆ》く末《すえ》の　治乱《ちらん》(3)の程《ほど》ぞ　図られず。「中亜米利加」の　東方に　群《むら》がる島は　「西印度《せいいんど》」。印度に所縁《ゆかり》　なき島を　西の印度と　名づけしは　昔明応《めいおう》　初年の頃《ころ》　世に名も高き　「古論武子《ころんぶす》」　西の世界を　探るとき　始めて見えし　「猿和《さるわ》土留《どる》」「亜米利加」だにも　いまだ見ず　「太平海」の　あらんとは　夢にも知らず　この島

(1) **割拠自立**　それぞれの地方を根拠として自立していること。(2) **彼我同力**　相手と自分で力を合わせること。(3) **治乱**　世の中が平和であったり乱れたりすること。

住む人々の驚きはたいへんなもので、老若男女が浜辺に集まり、三隻の船に帆がかかっている姿を見て、これは白い翼を広げた大化け物だと思ったようです。

　西印度《いんど》諸島の島の数は、およそ千あります。気候は、冬は暖かいけれども夏は暑くなります。土地は肥えて産物が多くあります。人口は合わせて四百万人です。この内、六分の一は欧羅巴《ようろっぱ》系の人々でそれ以外は黒人です。また黒人と白人の混血した人もいます。拝地《はいち》は、もと西班牙《いすぱにあ》の領土でしたが、今は独立国となり、皇帝は黒人です。邪麻伊嘉《じゃまいか》は英吉利《いぎりす》領です。久場《きゅば》は西印度諸島の中で最も大きい島です。その都を葉羽奈《はわな》といいます。西班牙がこれを領土にしています。馬《ば》浜《はま》は小さい島の一群で、その数は五百あります。猿和土留《さるわどる》もその一つの島です。

　この辺りの芭蕉《ばしょう》は実がなり、また「ぱいなつぷる」というものがあります。いずれも味わいが良いものです。

を「印度」の端《はし》と
認《したた》めて　人に告げた
る　由来こそ　西の印
度の　名のはじめ　古
今未曾有《みぞう》の　大発明
人の誉《ほま》れと　島の名と
共に伝《つた》うる　千万歳。千島《ちしま》の数《かず》の　多き中
世間の耳に　慣れし名は　「拝地《はいち》」「邪麻伊嘉《じゃまいか》」
「久場《きゅば》」「馬浜《ばはま》」　時候は熱く　冬知らず　土地
の産物　豊《ゆた》かにて　衣食足らざる　ものはな
し。砂糖　骨非《こっひい》(1)　綿　烟草《たばこ》　「拝地」に多き
芭蕉《ばしょう》(2)の実　「久場」に製する　巻烟草(3)　「葉羽《はわ》
奈《な》」の銘《めい》の　箱入りは　世界無類の　名品なり。

（1）骨非（coffee）　コーヒー。（2）芭蕉　バナナ。（3）巻烟草　葉巻。

解説

福澤が見た北アメリカ——福澤の感じた自由と平等

北アメリカ州の範囲は、北は北極圏から南はパナマ運河地帯までの北アメリカ大陸全域に加えて、グリーンランドやカナダの島々、カリブ海の西インド諸島の島々を含んでいます。現在、この州にはアメリカ合衆国、カナダやメキシコをはじめ二十三の国が存在しています。ここでは、アメリカ合衆国に焦点を当ててみていきましょう。

初めての渡米

福澤諭吉は、生涯で二度アメリカ合衆国を訪れています。初めて訪れたのが一八六〇年で福澤が二十七歳の時、二度目は一八六七年で三十四歳の時でした（年齢は数え年）。

一八五三年六月、合衆国のペリー提督《ていとく》が率いる黒塗《ぬ》りの四隻の大きな軍艦が浦賀に来航し、日本に開国を求めました。日本は、この直後から、当時の人々の生活や文化、思想までをも巻き込み、開国へ向けて一気に動き始めました。数回にわたる交渉の結果、幕府は日米和親条約を結び、下田と箱館を開港してアメリカの船に燃料や食糧を提供することや、アメリカ船が難破した際に乗組員を保護することなどを約束しました。それは、江戸時代のはじめから二百年以上続いた鎖国が終わったことを意味していました。

さて、このペリーが浦賀に来航した頃から、国内では、外国との戦いに備えてヨーロッパやアメリカの砲術（大砲の使い方）を学ぶことがさかんになりました。そのためにはオランダ語を勉強しなければなりません。福澤は、兄にすすめられオランダ語の勉強をはじめました。蘭学《らんがく》を志す若者が大勢集まる大坂の適塾に入学した福澤は、オランダ語で書かれた医学や物理学の本を読み、日夜勉強に励みました。その後、江戸に出た福澤は教える側にまわり、自分の力をためそうと、開港して外国の船が行き交い、外国人居留地や公館、商館が建ち並ぶ横浜に出向きました。ここで福澤を待っていたのは、学んできたオランダ語が通じない、書いてある看板の言葉が理解できない、人々が話している言葉が聞きとれないという現実でした。世の中は、当時全盛期となっていたイギリス人が使う「英語」が、広く使われる時代になっていたのです。はじめこそショックの大きかった福澤ですが、気持ちをスッと切り替え、英語の勉強をはじめました。

さて、福澤が英語を学びはじめてから数か月ほどたった頃、幕府がアメリカ合衆国に使節団を派遣することになったという情報が、福澤の耳に入ります。幕府は、合衆国と日米修好通商条約を結ぶのに必要な最終手続きをするために、ワシントン市へ使節団を送ることを決めたのです。この使節団は合衆国の軍艦で太平洋を渡りますが、その護衛という名目で、日本の軍艦咸臨丸《かんりんまる》も同行することになりました。そこで福澤は、この合衆国行きに同行させてもらいたいということを、咸臨丸の司令官である軍艦奉行の木村摂津守喜毅《せっつのかみよしたけ》に自ら名乗り出て、従者として同行することが決まります。

一八六〇年、木村や勝海舟、小野友五郎、中浜万次郎（ジョン万次郎）らと共に咸臨丸に乗り込んだ福澤は、合衆国に向けて出発しました。航海中は連日嵐に見舞われて、サンフランシスコまでの三十七日間で晴れたのは四、五日だけだったそうです。荒れ狂う天候で波は大きく上がったり下がったり…それに合わせて咸臨丸は右に左に大きく傾きました。船酔いに悩まされた艦長の勝をはじめ、部屋から出てくることができない人もいたそうです。洋上航海の経験がない日本人たちの危機的状況を救ったのは、この咸臨丸に乗り合わせたアメリカ海軍のジョーン・ブルック大尉以下十一人のアメリカ人たちでした。ブルックは通訳として乗りこんだ中浜と一緒に船内の秩序や規律を取り戻し、日本人へ技術的な指導もして航海を進めていきました。

一方、福澤は、船に強い体質でどんな状況でも船酔いもせず、落ち着いて木村の介抱や仕事をしていたそうです。福澤がなぜ船に強かったのかはわかりませんが、福澤はこの航海を通して、嵐を乗り切るために全力を尽くしているアメリカ人たちから、太平洋を渡るには、「身分の上下や地位」など何の役にも立たないということを早くも学んでいたのです。

出発してから三十七日後、咸臨丸は無事にサンフランシスコへ到着しました。合衆国の人々にとって初めてみる侍姿の日本人は、その装い、礼儀、作法などすべてにおいて衝撃的でした。しかし、それは日本人にとっても同じことであり、ここでの滞在期間は、福澤にとって見聞きするもの、経験することなど、どれも驚きの連続でした。移動に使う馬車やホテルに敷き詰めてある絨毯《じゅうたん》、靴を履いたままその絨毯の上を歩く様子、グラスの中に入っている氷、男女が一緒にダンスを踊る様子など、この異文化体験を通して、当時の日本とは異なるしきたりや初めて見る光景に大きな刺激を受けて、福澤が帰国したのはいうまでもありません。

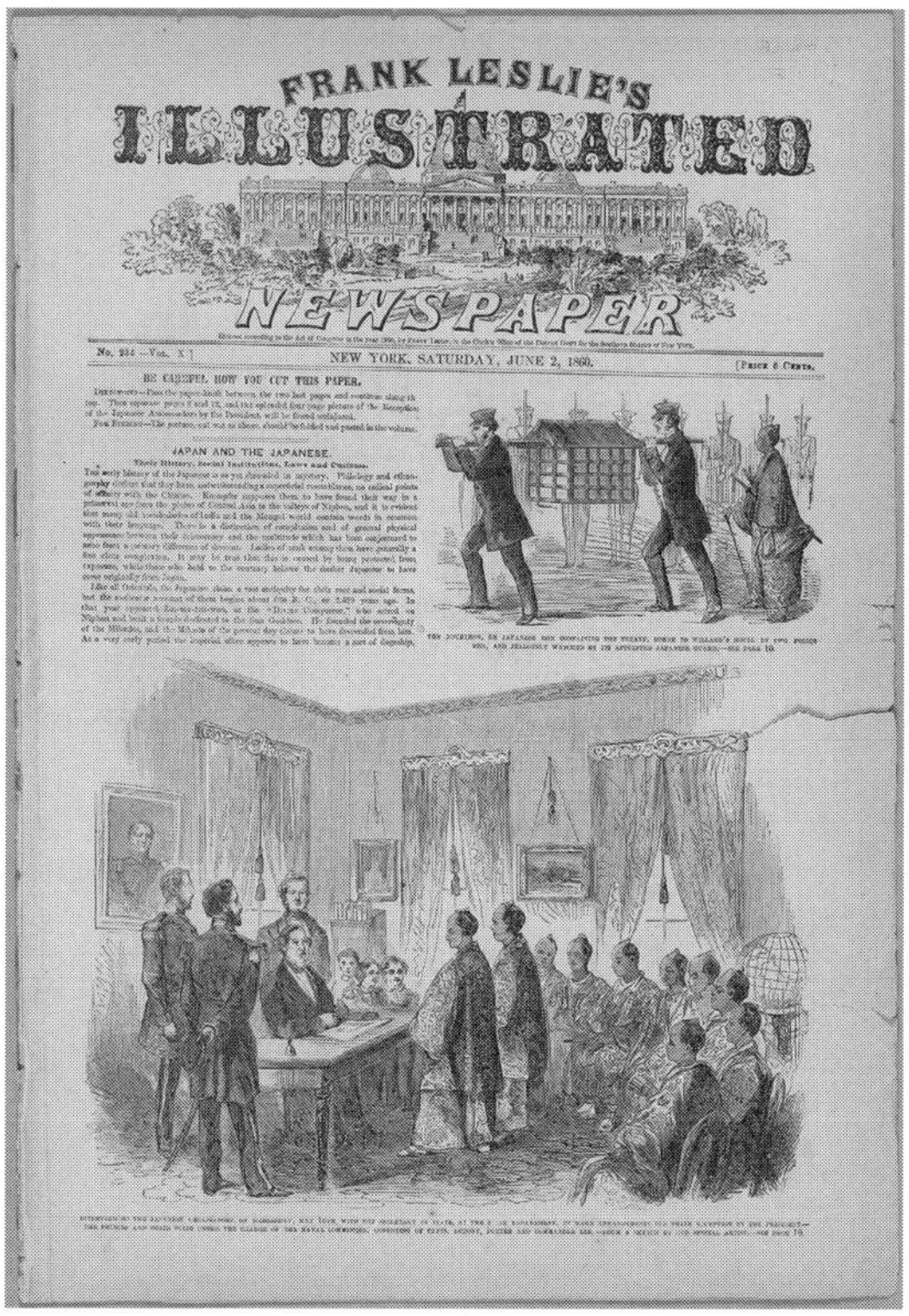
FRANK LESLIE'S ILLUSTRATED NEWSPAPER
NEW YORK, SATURDAY, JUNE 2, 1860.
JAPAN AND THE JAPANESE.

使節団の様子を伝えるアメリカの新聞（1860年６月２日付）
（慶應義塾福澤研究センター蔵）

アメリカ人のものの考え方

アメリカ合衆国滞在中に福澤が感心したことのひとつに、アメリカ人のものの考え方というものがありました。そのひとつを紹介しましょう。

福澤は、合衆国がイギリスから独立した際、貢献した人物として、

アメリカ初代大統領
ワシントン

初代大統領ジョージ・ワシントンがいたことを知っていました。ワシントンといえば、当時の日本でいう、江戸幕府を開いた徳川家康のような人でもあります。おそらくワシントンの子孫もたいそうな人なのだろうと思った福澤が、たまたま出会ったアメリカ人にその後のワシントン家について尋ねたのです。その答えに福澤は大いに驚かされると同時に、日本との政治のあり方の違いを知ることになりました。その答えとは、ワシントンの子孫には女があるはずだが、今どうしているか知らないというような、いかにも無関心な答えだったのだそうです。当時の日本は、天下をとった家の子孫が代々政権を永く引き継ぐという考えでしたから、福澤が驚いたのも無理はありません。

また、『世界国尽』の頭書にもありますが、アメリカ人は、おかしいと思ったことや間違っていることは、相手がどんな者であったとしても、しっかりと自分の意見を言う気質があります。人民の権利と自由を獲得し独立を実現した合衆国で、福澤は、さまざまなことを自分の目で見て、肌で感じとったことでしょう。

二度目の渡米

福澤は、初めての渡米から帰国後、ヨーロッパへの渡航を経て、一八六七年に再び渡米を実現しました。幕府は軍備充実のために軍艦を購入し、その船をアメリカ合衆国から受け取るために使節団を送ることになりました。福澤はこの話をききつけて一行に加えてもらったのです。この時、幕府で貿易などの外交関係の仕事をしていた福澤は、通訳の仕事を担いました。

この渡米で福澤は、サンフランシスコだけでなく、パナマ地峡を汽車で越えて、さらに船でニューヨーク、首都ワシントンもまわりました。ワシントンでは、アメリカ独立宣言の原文を見ることもできました。

そして何よりも、この渡米での福澤の大きな目的は、洋書を購入し、日本に持ち帰ることでした。福澤は、辞書、地理学、歴史学、法律学、経済学、数学、さらには合衆国で使用されている学校用の教科書など、さまざまな分野の書籍を大量に購入しました。

当時の日本では、洋書は非常に貴重なもので、多くの塾では一冊の教科書をみんなが写して使用していました。福澤は教科書になる同じ書籍を数十部ずつ購入して、帰国後は福澤の塾で学ぶ塾生たちの教科書として大いに活用したのでした。

現在のアメリカ合衆国について

アメリカ合衆国は北半球に位置し、総面積が約九百六十三万平方キロメートルの広大な国です。北アメリカ大陸の中央部分、北西にあるアラスカ州と、太平洋上のハワイ諸島を含めた広さは世界で三番目になります。合衆国は五十の州から成り立っています。

北アメリカ大陸の中央部分は、東西に約四千キロメートル、南北に約二千五百キロメートルに及び、山脈や平原、砂漠など地形もさまざまであり、また多様な気候が見られます。このそれぞれの気候条件を生かした「適地適作」の農業がおこなわれています。小麦、とうもろこし、綿花、大豆などの農作物の栽培をはじめ、農作物の栽培に向かないような乾燥した地域では、家畜の放牧による飼育をおこなっています。また冬も温暖で降水量の多いカリフォルニア沿岸地域では、オレンジやブドウの栽培などの地中海式農業もあります。

さらに、合衆国は、世界最大の工業国でもあります。豊富な天然資源とすぐれた技術によって、重工業から航空宇宙産業やコンピュータ、バイオテクノロジーなどの先端技術産業にいたるまで、多くの分野で目覚ましい発展を遂げています。

アメリカ合衆国の歴史

アメリカ合衆国の歴史は、移民と文化の多様性の歴史ともいわれています。北アメリカ大陸には、古くから、アメリカインディアン（『世界国尽』の頭書では「いんぢあん」）と呼ばれていたネイティブアメリカンや、イヌイット（『世界国尽』の頭書では「ゑすきもう」）などの先住民が暮らしていました。一四九二年に探検家のコロンブスがカリブ海の西インド諸島に到達したことにより、イギリスをはじめフランス、オランダ、スペインなどのヨーロッパの人々が新しい土地を求めてこの地の植民地化に乗り出しました。やがて、イギリスの植民地となっていた東部十三の植民地が経済的に力をつけるようになると、イギリス本国との対立が起こり、独立に向けての動きがみられるようになりました。十三植民地の人々はジョージ・ワシントン（一七三二〜一七九九年）を総司令官として団結し、一七七六年七月四日にフィラデルフィア（『世界国尽』の頭書では「ふひらでるひや」）でトマス・ジェファソン（一七四三〜一八二六年）が起草したアメリカ独立宣言を発しました。さらに、一七八八年にアメリカ合衆国憲法が成立し、その翌年には、アメリカ合衆国初代大統領にワシントンが就任しました。

独立後の一八四〇年代から一八七〇年代には、多くの移民が新しい土地を求めて、東海岸から未開の土地が広がる西へ移動しながらの開拓《かいたく》が進んでいきました。南北にのびるアパラチア山脈を超えて進んでいく開拓の最前線は「フロンティア」と呼ばれました。新しい土地を求めていた開拓移民と、そこに居をかまえる先住民族の間には争いが起こりました。そのため、政府は先住民族の居留地を決めて、強制的にそこに移住させることもしました。

開拓移民たちの移動手段は幌馬車《ほろばしゃ》でした。人々は蒸気船からおろした荷物を幌馬車に積み込み、何台もの幌馬車が連なって道なき道を進んでいきました。一八六九年には東部と西海岸の間に初の大陸横断鉄道が完成し、幌馬車に代わって汽車が使われるようになりました。

アメリカ合衆国への移民の流入と民族の分布

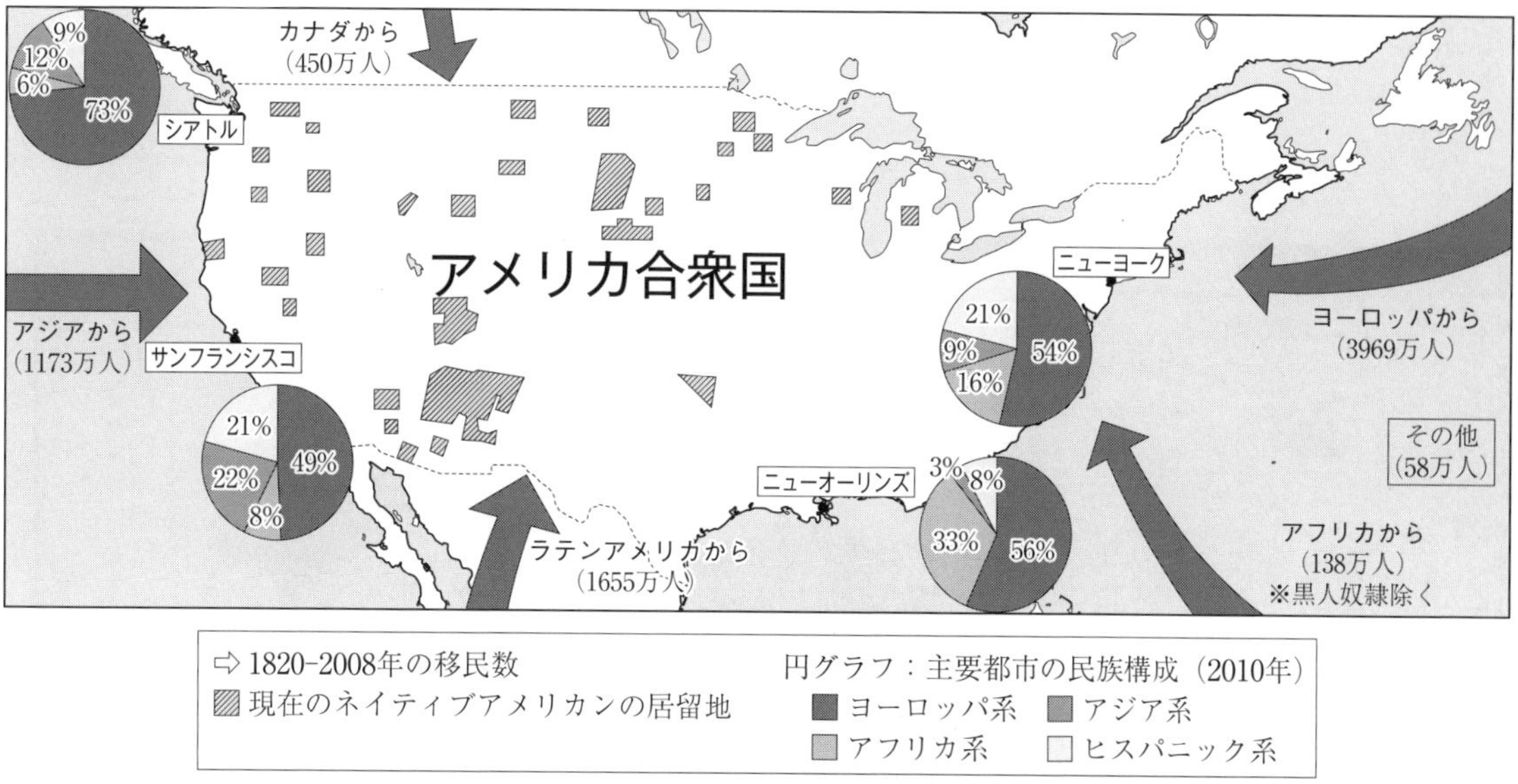

（帝国書院地理シリーズ『世界の国々6　北アメリカ州』14頁を基に作成）

アメリカ合衆国の民族構成

現在のアメリカ合衆国の民族構成をみると、ヨーロッパ系、アジア系、アフリカ系、ヒスパニック系、そして先住民族と実に多様な民族によって国が成り立っています。その背景には、かつて強制的にアフリカから移住させられ奴隷《どれい》として働かされていたアフリカ系の人々もいました。一八六五年に奴隷制度は廃止されましたが、このような差別があったことも事実です。また、合衆国の南部からはスペイン語を話すメキシコやコロンビア、キューバからの移民も増加しています。

　このようにさまざまな民族が一国に暮らしていることから、合衆国を「人種のるつぼ」と表現していました。現在では、お互いの伝統を尊重しながら民族が共存していく多文化社会を目指す国として「人種のサラダボウル」ともいわれています。

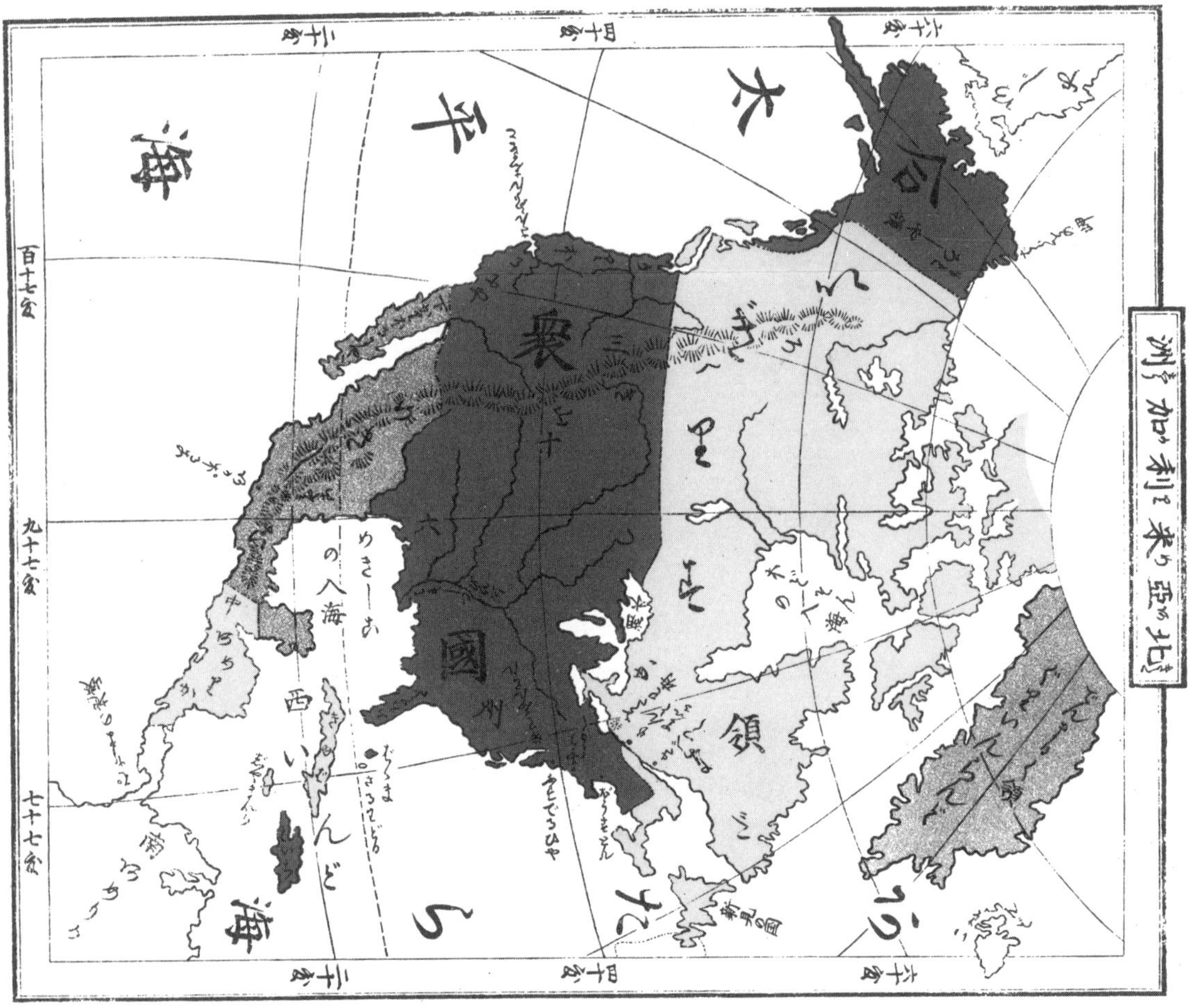
北亜米利加洲
太平海
合衆國

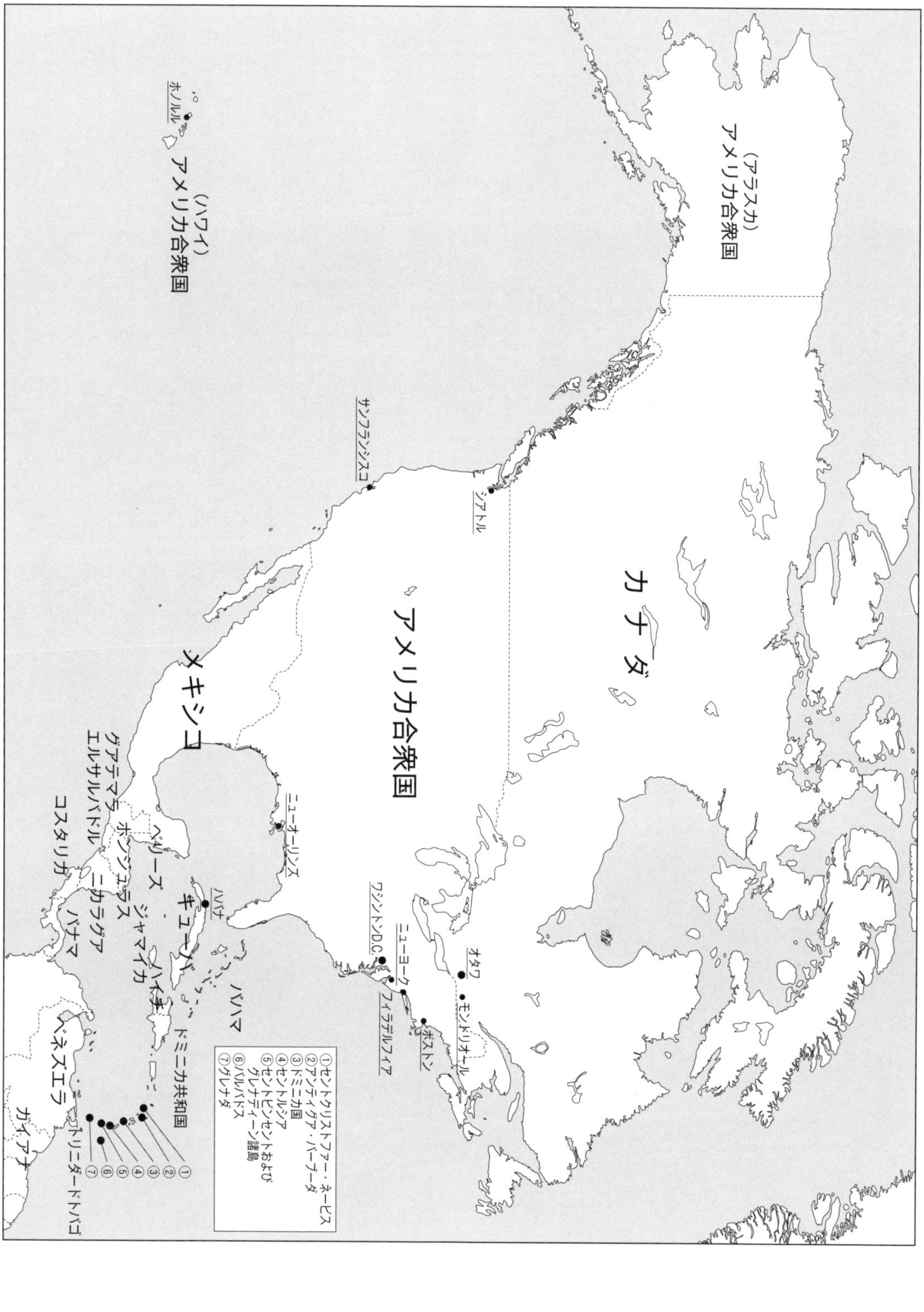
（アラスカ）
アメリカ合衆国
カナダ
アメリカ合衆国
（ハワイ）
アメリカ合衆国
ホノルル
サンフランシスコ
シアトル
メキシコ
ニューオーリンズ
ワシントンD.C.
ニューヨーク
フィラデルフィア
ボストン
オタワ
モントリオール
ハバナ
キューバ
バハマ
ジャマイカ
ハイチ
ドミニカ共和国
ベリーズ
グアテマラ
エルサルバドル
ホンジュラス
ニカラグア
コスタリカ
パナマ
ベネズエラ
ガイアナ
トリニダード・トバゴ
①セントクリストファー・ネービス
②アンティグア・バーブーダ
③ドミニカ国
④セントルシア
⑤セントビンセントおよび
グレナディーン諸島
⑥バルバドス
⑦グレナダ

北アメリカ州と周辺の国々（2017年）

頭書大全
世界國盡
南亞米利加洲
大洋洲
五

五の巻　南亜米利加洲・大洋洲

南亜米利加《あめりか》のこと

南亜米利加洲の人の数はおよそ千七百万人、先住民の子孫が多くいます。ほかに先住民と欧羅巴《ようろっぱ》人との間に生まれた人もいます。ただし、国を支配する人は欧羅巴人です。山林は深く、草木が生い茂り、阿非利加《あふりか》などのように不毛の土地はありません。

○古論備屋《ころんびや》は国を八州に分け、巴奈馬《ぱなま》もその中の一州です。東の世界には末洲《すえす》、西の世界には巴奈馬といって地理の様子は互いによく似た地峡です。ただし、巴奈馬の地峡はわずかに二十里（約七十八キロメートル）ばかりですが、山続きでいまだ道路もできず、ただ蒸気機関車の道があるだけです。

南亜米利加《あめりか》洲

「巴奈馬《ぱなま》」の地峡《ちきょう》　二十余里「太平海《たいへいかい》」と「阿多羅海《あたらかい》」左右に分かる　山の脈　船の通いの　便《たよ》りなく　南のはしの　岬《みさき》まで　まわれば一千　九百余里　陸に不毛の　空地《あきち》なく　草木《そうもく》しげる　一大洲。洲に列《つら》なる国々を　北の方《かた》より　かぞうれば　共和政府の「古論備屋《ころんびや》」　南となりの　「赤道国《せきどうこく》」　赤道直下の　国なれど　山阪《やまさか》高き　高野の地　地の理を

○赤道国とは赤道の直下に当たるので、このように名付けられたのです。部根重良《べねじゅうら》も暖かい国でいろいろな作物がとれます。この辺りには地震が多いため家の建て方はどれも低くなっています。その都を「かるかす」といいます。一八一二年におきた大地震の時に残らずつぶれてしまったことがあります。南亜米利加はどこも地震がひじょうに多い土地です。

○武良尻《ぶらじり》はもと葡萄牙《ぽるとがる》の領土でしたが、近ごろ独立して、一八二二年になって帝国となりました。南亜米利加の中で第一の大国です。国政は大らかで教育についての法律も行き届き、日耳曼《ぜるまん》や瑞西《すいつる》から家を移してやって来た人もすでに六万人になります。都の名前を「りおじやねいろ」といい、大都会となっています。

武良尻の産物は砂糖《さとう》、「こつひゝ」①、材木などのほ

①こつひゝ（coffee）　コーヒー。

以《もっ》て　天に勝ち　夏熱からず　寒からず　四時《しじ》かわらぬ　春の野に　種蒔《ま》くときも　刈《か》るときも　農の時節に　遅速《ちそく》なし。東の方《かた》に「部根《べね》重良《じゅうら》」国の風俗　政事《まつりごと》　地理山川《さんせん》の　模様《もよう》まで　隣《となり》の国に　異ならず。又もひがしの「五井梁《ごいやな》」は　南北凡《およ》そ　七十里　東西二百六十里　土地の広袤《ひろさ》を　三《み》つに分け「蘭《らん》」「仏《ふつ》」「英」の　三箇国《さんかこく》　各《おのおの》有《たも》つ　その一部西の世界の　物をもて東の富を　たすくとぞ。人の助けを　被《こうぶ》らず　不羈《ふき》独立の「武良尻《ぶらじり》」は　人口七百　七十万　「亜米利加洲」の　南方に　比

かに金銀も多く採れます。とりわけ、「だいやもんと」はこの国の名産です。領土は広いですが人の数は少なく、内陸部はいまだに開けてなく、珍しい鳥や変わった動物がひじょうに多くいるといいます。

保里備屋《ぼりびや》、巴羅貝《ぱらがい》などの国々も州が連合してできた政府ですが、土地はいまだに開けず、いうまでもなく蒸気機関車の道もなく、徒歩で行き来するにも山坂の間に難所が多くあります。荷物を運送するにはたいてい人馬のみを使います。また、谷川に縄の橋をかけて行き来するところもあります。木曽《きそ》の掛け橋①のようなものです。風流を好む人なら喜びそうですが、日常生活では、ひじょうに不便です。

山林が深いのは、武良尻だけではなく南亜米利加洲いずれも同じ様子です。深い山の奥に行きつくと草木が生い茂り、きこりの跡も見えません。獅子《しし》の鳴き声には百獣がおそれて身体を震わせ、猿の群れが月に叫べば旅人も胸をし

類少なき　一帝国　土地のひろさに　較《くら》ぶれば　人口いまだ　おおからず　深山《みやま》の草木《くさき》　長《お》い茂《しげ》り　禽獣《きんじゅう》人に迫れども　次第に進む世の開化　文字《もんじ》の教え

流行し　末頼母《たのも》しき　風俗を　遠く慕《しと》うて　居を移し　集まる人ぞ　夥《おびただ》し。東《ひがし》南《みなみ》の国々は　「保里備屋《ぼりびや》」「巴羅貝《ぱらがい》」「宇柳貝《うりゅうがい》」「良富羅多《らぷらた》」越《こ》えて「巴多呉仁屋《ぱたごにや》」　土地の風俗　人情も　大略《あらまし》同じ　共和政。みなみの瀬《せ》戸《と》の「麻瀬蘭《まぜらん》」を　渡り上がりて「火《ひ》の国《くに》」は「亜米利加《あめりか》洲」の「喜望峰《きぼうほう》」。西に廻《まわ》れば「池鯉《ちり》の国」「安天須山《あんですさん》」の　麓《ふもと》にて　南北八

めつけられる気持ちになります。天地が開けて以来いまだに人の手を加えていない土地なので、その景色はなるほど、不気味で恐ろしいものがあります。「山静《しずか》にして太古の如し②」のようだとはこの辺りの様子を詩にしたものでしょう。また暖かい地帯には巨大な蝮蛇《うわばみ》③がいて時々人を襲うといいます。恐るべきことです。

○火の国は南の端に離れた島です。この島には火山が多いため、このように名付けたということです。岬の名前を「けいぷほふるん」といいます。その地理的な位置は東の世界の喜望峰《きぼうほう》に似ています。この辺りの先住民の文明は未発達で、人の肉を食べるものもいます。食糧不足などの時は犬でも猫でも食べないことはありません。特に老女の肉を珍重しているということです。

①木曽の掛け橋　江戸時代信濃の国、上松宿と福島宿との間にあった掛け橋。②山静にして太古の如し　北宋の詩人唐庚《とうこう》の詩の一節。③蝮蛇　熱帯地方に棲《す》む大蛇。

百　三十里　東西僅《わず》か　一百里　天気時候のよろしきは　世界に比類　多からず　赤道以南の　土地なれば　春夏秋冬　異なりて　我《わ》が六月は　彼《かれ》の冬　彼の炎暑は　我の冬　寒暑の順は　戻《もと》れども　四時《しじ》正《ただ》しく　おこなわれ　百《ひゃく》物《ぶつ》成りて　豊《ゆた》かなる　国の人口　二百万　諸洲会議の　共和政　民の教育　おこたらず　諸方に建つる　学問所　稽古《けいこ》の人数《にんず》　三万人　俄《にわ》かにすゝむ　文明は　国の富強に　伴《ともな》いて　この行《ゆ》く末《すえ》の　幸福《さいわい》を　期してまつこそ　たのしけれ。「安天須山《あんですさん》」

○地鯉《ちり》も西班牙《いすぱにあ》の領土でしたが、一八一七年以来独立して共和国政府となり、近年は次第に国政を改革して、文武ともに盛んになっています。四、五年前、西班牙は軍艦を差し向けたことが何度かありましたが、遂に勝つことはできませんでした。その都は「さんちあご」といい、海岸から四十里（約百五十六キロメートル）ばかりのところにあります。この間には蒸気機関車の道を作って運送の便を良くしています。
○平柳《ぺいりゅう》は一八二四年「いやくちよ」の戦い①で西班牙の手を離れ、独立の共和国政府となりました。首都の名を「りま」といい、海岸近くにあります。東の方角に離れて「くずこ」といわれる都会があります。この国も近ごろは次第ににぎわって、南亜米利加の中では豊かな国といわれています。

平柳の海岸に「ちんちゃ」「るぼす」などという小島があります。この辺りは大量の海鳥が集まるところで、朝に群がって飛んでいると、その影で空を覆い隠し、夕方に島

の　ふもとより　北に
進めば　「平柳国《ぺいりゅうこく》」
人口二百　四十万　土
地に生ずる　産物は
五穀《ごこく》　金　銀　綿　砂《さ》
糖《とう》　島に積もりし　鳥
の糞《ふん》　別に貴《たっと》き　名
品は　「平柳国」の
幾那《きな》の皮①　皮より製す　幾那塩《きなえん》②は　天下無類の
解熱剤《げねつざい》　熱に悩《なや》みし　病人は　幾那塩もちい
苦しみを　忘れしことも　おおからん。仮令《たとい》
病苦は　忘るとも　わするゝ勿《な》かれ　地理の学
物に従い　事につき　思い出すこそ　学《がく》の道
学びし道を　わすれじと　再びこゝに　繰《く》り返《かえ》
す　世界中の　国尽《くにづくし》　「亜細亜《あじあ》」「阿非利加《あふりか》」

に帰ればその声は数里先にも聞こえます。数千年かけて島に積もった鳥の糞《ふん》はうずたかくなって山のようです。三十年前から欧羅巴《ようろっぱ》人の思いつきで、この糞をとり、畑の肥やしに使ってみると効き目がありました。近ごろは、次第に世に広まって、すでに日本にも渡ってきたようです。

大洋洲《たいようしゅう》のこと

大洋洲とは太平海《たいへいかい》の島々を集めた名称です。土地の広さを集めると、およそ四百五十万坪（約千二百万平方キロメートル）、人口は二千五百万人あまり、赤道の近くにある島々には天然の産物がひじょうに多くあります。胡椒《こしょう》、「ごむ」、樟脳《しょうのう》②、象牙《ぞうげ》、砂糖《さとう》、「こつひゝ」、黄金、銅《あかがね》、錫《すず》、石炭もたくさんとれます。爪哇《じゃわ》、須磨多羅《すまたら》、保留根尾《ぼるねお》、瀬礼部須《せれべす》、新銀名《しんぎんな》、須拝洲《すぱいす》などは和蘭《おらんだ》の領土で、本国政府

①「いやくちよ」の戦い　アヤクーチョの戦い。ペルー独立戦争最後の戦い。②樟脳　クスノキから得られる成分で、医薬品、防虫剤などに使われる。

「欧羅巴《ようろっぱ》」「亜米利加洲《あめりか》」の　北南《きたみなみ》　序《つい》でを逐《お》いし　五大洲　その物がたり　大略《あらまし》も　学びて時に　習いなば　居ながら知らん　世の名所名所旧跡　洩《も》らさじと　古きを温《たず》ね　新しく発明したる　島々を　集めてこゝに

大洋洲《たいようしゅう》

太平海の　島々は　幾《いく》百千の　数知らず　亜《あ》細《じ》亜《あ》洲の　南方に　海岸ちかく　群《むら》がるは「須磨多羅《すまたら》」「保留根尾《ぼるねお》」「爪哇《じゃわ》」「瀬礼部須《せれべす》」「呂宋《るすん》」「須拝洲《すぱいす》」「新銀名《しんぎんな》」。西洋諸国　支配の地　赤道ちかき　暖帯に　生じて余る　産物

（1）幾那の皮　キナはアカネ科の常緑高木で薬用植物。その樹皮からマラリアの特効薬であるキニーネをつくる。（2）幾那塩　キニーネ。

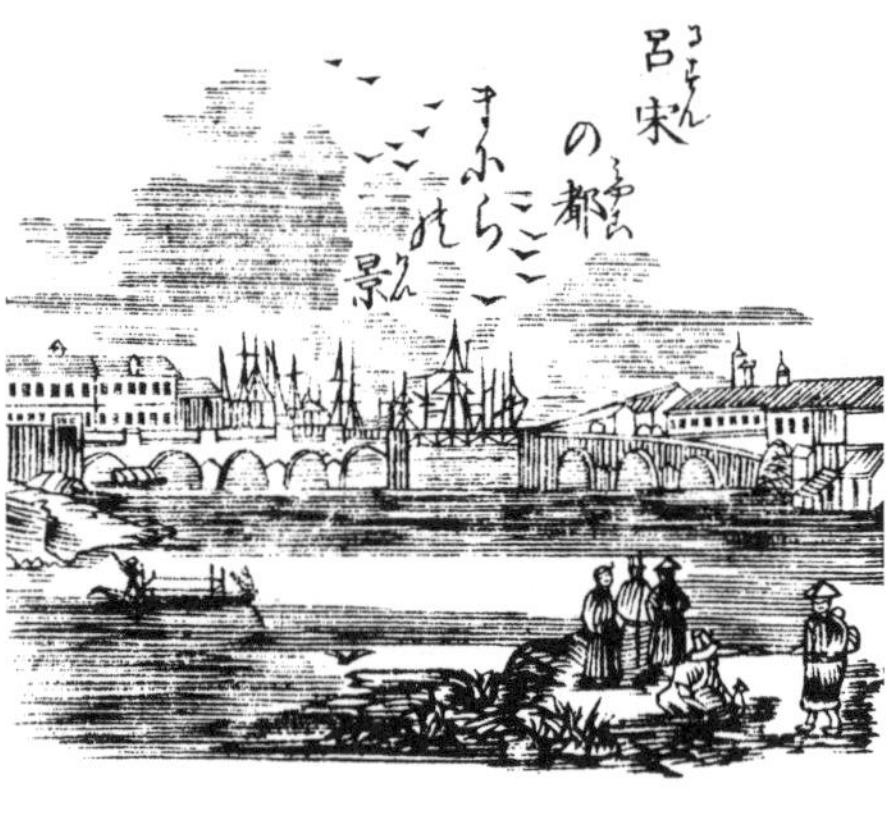

の台所ともいうべき場所となっています。呂宋《るすん》の近くにある島は西班牙《いすぱにあ》がこれを領土としています。その都を「まにら」といいます。烟草《たばこ》の名所で、唐人《とうじん》①は巻《まき》煙草《たばこ》のことを呂宋烟《るすんえん》というほどです。この周辺の島々に住んでいる人々はすべて島人の先住民です。文明は未発達で、欧羅巴《ようろっぱ》人の支配を受け、これに従っています。また山の奥にこもって独立している者もあります。

○澳大利亜《おうすたらりあ》の本名は「あふすたるあじや」といいます。「あふすたる」とは南ということで、亜細亜洲の南にあるのでそのように名付けられたのです。一六〇五年、すなわち日本の慶長十年ごろ、和蘭《おらんだ》の人が初めて発見して、新和蘭と名付けました。けれども、和蘭の本国が開発に乗り出してその領土にすることはありませんでした。一七六九年、日本の明和六年、英吉利《いぎりす》の航海者「かぴたんこっく」という人が世界中を航海して、この土地に到着し、その沿岸の一部を測量しました。その後、英吉利から罪人をここに流

を　遠くたずさえ　本国の　衣食に供え　富を足し　富国利用の　経済は　万里の浪《なみ》(1)も　おそれなく　地理の学問　航海の　術を研《みが》きし　文明の　勇と知識の　功ならん。南にひろき一世界　昔日《むかし》この地を　見出《みい》だせし　和蘭人《おらんだじん》のほまれにて　「新和蘭」と　名《な》づけしが　今はその名も　あらたまり　「英吉利《いぎりす》領」の　「澳大《おうすた》利亜《らりあ》」　東西千里　南北の　広きところは　八百里　人口一百　四十万　広き内地の　有り様を　さぐりし人も　稀《まれ》なれど　物を生ずる　土地多く　新発明の　金《かね》の山　五大洲に　比類なき　「雁保留仁屋《かりほるにや》」の　右に出《い》で　年《とし》に積み出す　黄金は　幾千万の　限りなし。余るを出《い》だし　足らざるを　入《い》る、港は　「女留保論《めるぼるん》」「志戸仁《しどに》」の市《いち》の　交易も　日《ひび》に賑《にぎ》わう衣食住

して次第に人の数も増し、ついに英吉利の領地となりました。その土地は広大で、欧羅巴洲を六つに分けてその五分に当たります。従って、最近はこれを島とはいわずに南海の一大洲という人もいます。

澳大利亜は土地の割に人の数は少なく、百四十万人の内、先住民はわずかに五万人、それ以外は皆、欧羅巴系の人々です。南東の海岸は土地の状態が良く、にぎわって活気があります。志戸仁《しどに》の港は東海岸にあります。南の方には女留保論《めるぼるん》という都会があり、一番の都です。特にこの近くには金山があるので、ますます繁盛《はんじょう》しているようです。

○新地伊蘭土《しんじいらんど》も英吉利の領土です。土地の様子は「お

①唐人　中国人。

みなみの海の　新世界　栄《さか》ゆる時ぞ　近からん。南の方《かた》に「多寿女仁屋《たすめにや》」東にはなれ「地伊蘭土《じいらんど》」皆「英吉利」の　支配受け　人口各《おのおの》　十余万　天気時候も　中和を得　「新地《しんじ》伊蘭土《いらんど》」は「英吉利」の　裏《うら》に当たりて　本国と　むかい合わする　足の蹠　昼夜の時刻　倒《さかしま》に　「英」の夜半は　此地《ここ》の昼　こゝにくるれば　彼地《かれ》に明け　「英吉利王」の　領分に　日の没したる　ときぞなし。「新地伊蘭土」の　北東《きたひがし》　数千《すせん》の島を　通り越《こ》し　赤道越えて　北の方　「山土《さんど》　逸地《いっち》」の　島々は　人

（1）万里の浪　はるかに続く海。

うすたらりあ」と同じです。先住民は皆、身体に彫りものをする風習があります。

この島と英吉利《いぎりす》とが昼夜の異なる理由は、地球が丸くて回っていることを考えて理解する必要があります。

○山土逸地《さんどいっち》は一七七八年「かぴたん・こっく」の発見した島で、彼はこの島の人々に殺されました。人が住んでいる島の数は八つあります。王風島《おうふうじま》の隣にある「はわい」は一番大きい島で、火山が多くあります。産物は、砂糖《さとう》、小麦、綿、煙草《たばこ》などたくさんあります。

口僅《わず》か　七万人　土地は狭くも　独立国「太平海」の　北方《ほくほう》に独《ひと》りはなれし　地理を占《し》め　鯨猟船《げいりょうせん》の　寄《よ》り処《どころ》「王風島《おうふうじま》」の「花瑠々《はなるる》」は　島に一つの　交易場《こうえきば》「英」「亜」諸国の　船も入《い》りいると出《い》ずるの　商売に　土地も次第に　賑《にぎ》わいけり。

世界国尽終

解説

福澤が見たオセアニア——キャプテン・クックとハワイ王国

福澤の見たハワイ王国

福澤諭吉を乗せた軍艦咸臨丸《かんりんまる》が日本（江戸幕府）の持つ船として初めて太平洋を往復したのは一八六〇年、日本の年号では万延《まんえん》元年のことでした。咸臨丸は、帰路、サンフランシスコを出て、ハワイのホノルルに寄ります。福澤は、この咸臨丸での航海記録を『万延元年アメリカハワイ見聞報告書』と題した文書に残しています。中津藩に差し出した報告書の写しと思われる文書です。この中で福澤は、ハワイのことをアメリカ、イギリスの支配を受けているが全くの属国ではなく、独立したハウハイー府という政府を構えていると書き、ハワイに住む人々の様子をいくつか伝えています。白人が着るドレスの袖《そで》や裾《すそ》を短く切ってできたムームーと呼ばれる女性服を図で紹介し、主食はタロイモを熱して潰《つぶ》したもの（ポイ）であると記しています。福澤は、先住民の開いている店が一つもないこと、先住民の子どもの多くが英語の本をもって学校へ通っていることも観察し、記録に留めました。

西洋文明を目の当たりにした直後の福澤にとってハワイはよほど、立ち遅れた国に見えたのでしょう。『福翁自伝』では、ハワイの国王に会った時のことを次のように書いています。

「国王はただ羅紗《らしゃ》の服を着ているというくらいのこと、家も日本でいえば中ぐらいの西洋造り、…中略…まあ村の漁師の親方ぐらいの者であった。」

この国王は、ハワイに王国を築いたカメハメハ一世の孫で、当時二十六歳のカメハメハ四世でした。福澤は、続けて「三十年前のハワイもいまも変わったことはなかろう」と書いていますが、『福翁自伝』の原稿を書き上げてからわずか三か月後の一八九八年八月十二日、ハワイのイオラニ宮殿にアメリカの国旗が掲げられ、ハワイという国はなくなってしまいました。

　ここでは、ハワイ王国の歩みをヨーロッパ人によるハワイ「発見」までさかのぼって、みていきましょう。

カメハメハ四世

ヨーロッパ人の太平洋発見

　十五世紀（一四〇〇年代）、ヨーロッパの人々は、造船技術や羅針《らしん》盤《ばん》を使った航海技術の発展により、遠くアジアに向けて海を渡るようになりました。技術が高まったとはいっても、正確な地図もなければ天候も予測できず、風を頼りに進む時代です。生きて帰ってくることの方が可能性の低い、あまりにも危険な旅に船乗りたちを駆り立てたのは、成功すれば得られる莫大な富と名声でした。アジアで得られる香辛料《こうしんりょう》や絹《きぬ》はヨーロッパに持ち込めば高い値で売ることができたのです。真っ先に陸を伝ってアフリカを周り、インド、東南アジアへと進出していったのがポルトガルです。種子島に漂着《ひょうちゃく》して日本に鉄砲を伝えたのもポルトガル人でした。一方、陸の見えない広い大西洋を西に向かえばアジアに出られると考えたのは、コロンブスです。ヨーロッパ人は、まだ太平洋を知らず、地球の大きさを実際よりもかなり小さく見積もっていたのです。コロンブスは、ポルトガルに続いて海外進出に名乗り出たスペインの援助で大西洋を渡り、カリブ海に浮かぶ島々にたどり着きました。コロンブスは、ここをインド（インダス川よりも東のアジアを指します）と思い込み、西インド諸島と名付けました。

　コロンブスの航海から二十年ほど後、西回りの航路でアジアへの進出を目指したマゼランは、スペイン王から五隻の船を預けられ、香料諸島（現在のインドネシア・モルッカ諸島）を目指して大西洋を西に向かいました。マゼランも、西にある大きな陸の塊《かたまり》（南アメリカ大陸）を周り込めば、東回りよりもはるかに短い距離で香料諸島にたどりつけると確信していたのです。マゼランは、今日、マゼラン海峡《かいきょう》と呼ばれる南アメリカ大陸南端の海峡を越えて、ヨーロッパ人として初めて太平洋に入りました。その後、一向に陸と出会わぬまま航海を続けたマゼランの船団は、太平洋に出て百九日後、ついにフィリピン諸島に到着するのです。マゼランは、ここで先住民の争いに巻き込まれて殺されてしまいますが、残った一隻がアジアを西に航海し、さらにアフリカの喜望峰《きぼうほう》を回ってスペインに戻り、初めての世界一周を果たすのでした。出航から三年もの歳月が流れた一五二二年のことです。

クック船長の太平洋探検

スペインに続いて、太平洋に乗り出したのは、オランダでした。オランダは鎖国となった日本の長崎にも唯一、入港できるヨーロッパの国となりました。ニュージーランドやオーストラリアの探検も行いましたが、オランダが不毛な大地に関心を示すことはありませんでした。オランダよりもさらに遅れて世界へと乗り出したイギリスは、まだ不明なことの多い太平洋に関心を示しました。中でも、イギリスの最大の目標は、伝説の南方大陸の存在確認と、アメリカ大陸を北から回って太平洋に出る航路の発見でした。こうして、三回にわたって太平洋を探検し、合せて八年以上をかけて地球八周分も航海するジェームズ・クックが登場します。

クックは、上流階級出身者が多いイギリス海軍の士官としては珍しく、農業労働者の子として生まれました。船乗りにあこがれたクックは、石炭輸送船の水夫となり、やがて海軍の水夫となります。そして、その測量と海図を作成する能力の高さを認められて、エンデヴァ号の船長として第一回の太平洋探検へと出発したのです。クックは、三度の航海で太平洋の様子を明らかにしました。さらにオーストラリアの東海岸にヨーロッパ人として初めて足を踏み入れ、ニュージーランドを正確に地図に示したことで、イギリス人の入植者を導き、これらの広大な土地を英国領としました。また、南極圏にまで突入したクックは、人間が生活可能な範囲に伝説の南方大陸がないことも明らかにしました。

ジェームズ・クック

クックは航海の日誌を書き残しており、そこには、太平洋の島々に住む人々の様子が詳しく描かれています。

三度目の航海では、タヒチ島から太平洋を北上して、海図の上では海となっている場所に島々を見つけました。クックは、上官の名前をもらって、この島々をサンドウィッチ諸島と名付けました（この伯爵《はくしゃく》の名前は、パンに具材をはさむ料理の名前にもなっています）。クックは、その後、北周りの海路を探しにアラスカまで進みますが、発見することができずに、翌年、再びサンドウィッチ諸島に戻ります。カヌーしか知らない先住民は、クックの船を神の乗物だと信じ、島の王（アリイヌイ）、カラニオプウのもてなしを受けたクックも、それを否定せずに神のように振る舞いました。最後の航海に出発したクックの船は、沖で強風にあい、大きな被害が出たため島に戻りました。先住民たちは、神ならば船があのように傷つくことはないと、クックを疑い始めました。そして、船乗りと先住民の間で争いが起きた時、クックは先住民の投石や刃物の前に命を落としたのでした。残った船乗りたちは大急ぎで船を修理して出港し、イギリスへと帰りました。サンドウィッチ諸島は、現在、先住民の呼び方でハワイ諸島と呼ばれています。こうしてハワイは、ヨーロッパの人々にも知られるようになったのです。

福澤は、『世界国尽』の頭書に、この事件のことを「山《さん》土《ど》逸地《いっち》は千七百七十八年「かぴたん・こっく」の見出せし島にて、同人はこの島人に殺されたり」と記しています。

カメハメハ大王とハワイ王国

ハワイには、ポリネシア人が先住民として暮らしていました。ポリネシアは、太平洋の中央の島々からなり、南西のニュージーランド、南東のイースター島、そして北の端のハワイを結ぶ三角形の範囲を指します。この民族は東南アジアからトンガやサモアといった島に住み着き、さらに太平洋の島々に渡っていったと考えられています。クックがやってきた時、ハワイは三人のアリイヌイにより分割統治されていました。ハワイ島を治めていたアリイヌイ、カラニオプウの甥《おい》にあたる若きアリイ（貴族）のカメハメハは、クックやヨーロッパ人の様子を近くで見ていました。そして、ヨーロッパ人が持っている大砲や銃などの武器の威力を思い知ったのでした。カメハメハは、カラニオプウの死後、後を継《つ》いだキワラオを倒し、ハワイ島のアリイヌイになります。ハワイの島々には、食糧や水、船を修理する資材などを求めて、西洋の船がやってくるようになりました。カメハメハは、それらの船の乗組員であった二人のイギリス人を軍の教官として迎え入れ、武器の使い方や戦い方を学び、大砲や銃を大量に買い入れました。こうして圧倒的な軍事力を持ったカメハメハは、オアフ島に進攻し、ヌウアヌ渓谷の戦いでマウイ島、オアフ島のアリイヌイ、カラニクプレを破りました。さらに、最後まで抵抗していたアリイヌイ、カウムアリイからもカウアイ島とニイハウ島を譲《ゆず》り受けたカメハメハは、遂にハワイ諸島を統一して、ハワイ王国を確立しました。クックのハワイ「発見」から三十二年後の一八一〇年のことです。

カメハメハは、西洋との貿易に熱心でした。武器以外にも、衣服や家具、食べ物など、数十年前のハワイでは見たことのない、ありとあらゆるものがイギリスやアメリカの商人の手によってもたらされました。一方、イギリス人やアメリカ人がハワイに求めたものは、ハワイではイリアヒと呼ばれ山々にたくさん生い茂っていた白檀《びゃくだん》の木です。白檀は香木、漢方薬として中国で高く売れます。その金で茶や陶器《とうき》を買い集めてヨーロッパに持ち帰れば商人たちは大もうけができるのです。カメハメハは、強い権力で白檀貿易を独占しましたが、カメハメハの死後、後を継いだカメハメハ二世以降の王政は不安定で、アリイたちが勝手に白檀の取引をするようになりました。商売に不慣れなアリイたちは、西洋の物品を手に入れたいばかりに、多くの白檀の森を失い、借金を抱えました。また、ハワ

現在のイオラニ宮殿。福澤訪問の約20年後（1882年）に建設

イの主食であるタロイモ畑の仕事がおろそかになり、農産物が不足して、飢《う》えに苦しむ人々がでてきました。さらに西洋人の持ち込んだ伝染病のために、クックが三十万人と推定したハワイ先住民の人口は、五十年ほどで八万人にまで激減してしまいました。こうしてポリネシア人によるハワイ王国は弱体化し、一方で、ハワイにやって来た白人たちが大きな力を持つようになります。白檀の森がなくなったハワイは、その後、捕鯨船の港として栄え、さらに白人が広大な土地を買ってサトウキビの栽培を始め、富を築きました。キリスト教を布教するためにやってきた宣教師たちは、ハワイの政治や社会の中でも力を持つようになり、ハワイ古来の風習を禁止してしまいました。

ハワイのその後

福澤が面会したカメハメハ四世から四代後、ハワイ王国に最初の女王が誕生しました。王国最後の王ともなったリリウオカラニは、王の力を強めて白人支配から脱しようとしましたが、これに危機感を持ったハワイに住む白人たちがクーデターを起こし、アメリカ軍がこれを支援する形でハワイ王国の首都ホノルルに上陸しました。一八九三年のことでした。こうしてリリウオカラニは、イオラニ宮殿に幽閉《ゆうへい》され、強制的に退位させられます。そしてクーデターから五年後、アメリカ政府は、ハワイを合衆国の一部にすることを決定したのでした。

ハワイ王国が白人のクーデターによって倒れてから百年後、アメリカ合衆国の連邦政府は、クーデターにアメリカ軍が介入した誤りを認めて、ハワイ先住民に対する謝罪を決議しました。そして、宣教師たちによって禁止されたハワイ古来の文化は、多くが失われたものの、ハワイ語や、踊り（フラ）、音楽などは生き残り、今日では、ハワイ独自の文化として、世界中の注目を集めるようになっています。ハワイアン音楽を代表する「アロハ・オエ」はリリウオカラニが作詞作曲した曲として知られています。

南亞《あ》米《め》利《り》加《か》洲《しう》

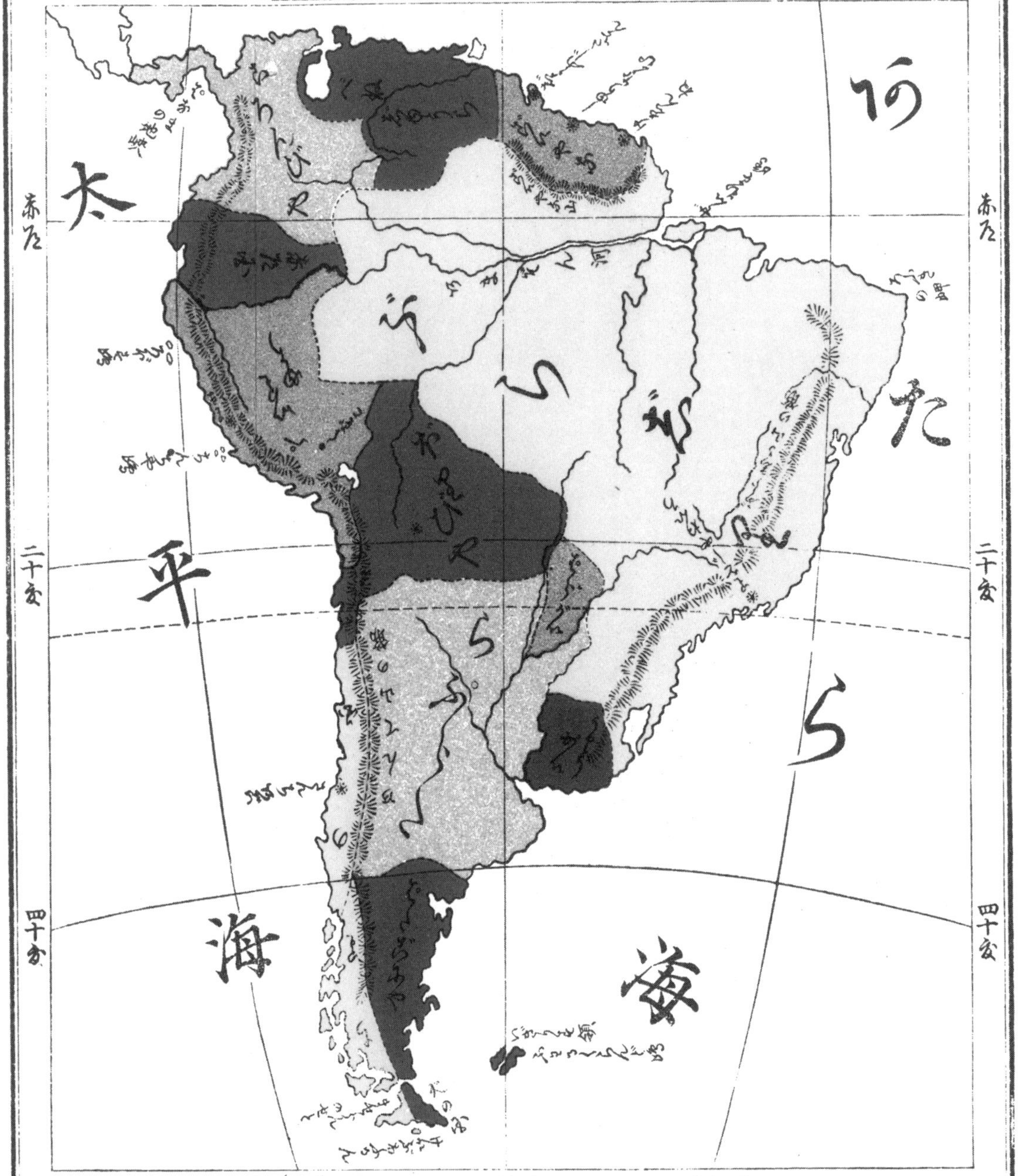

南アメリカ州と周辺の国々（2017年）

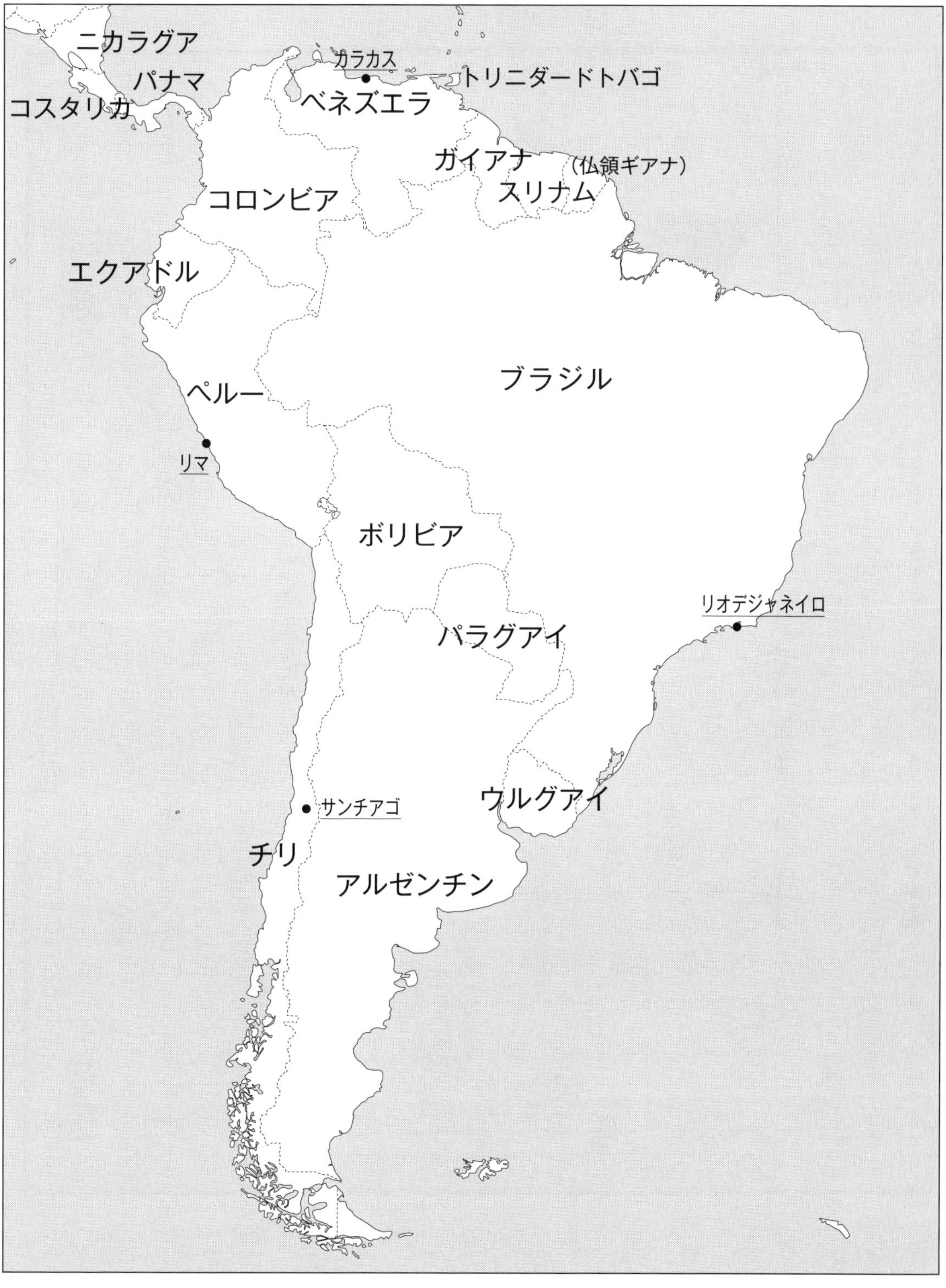

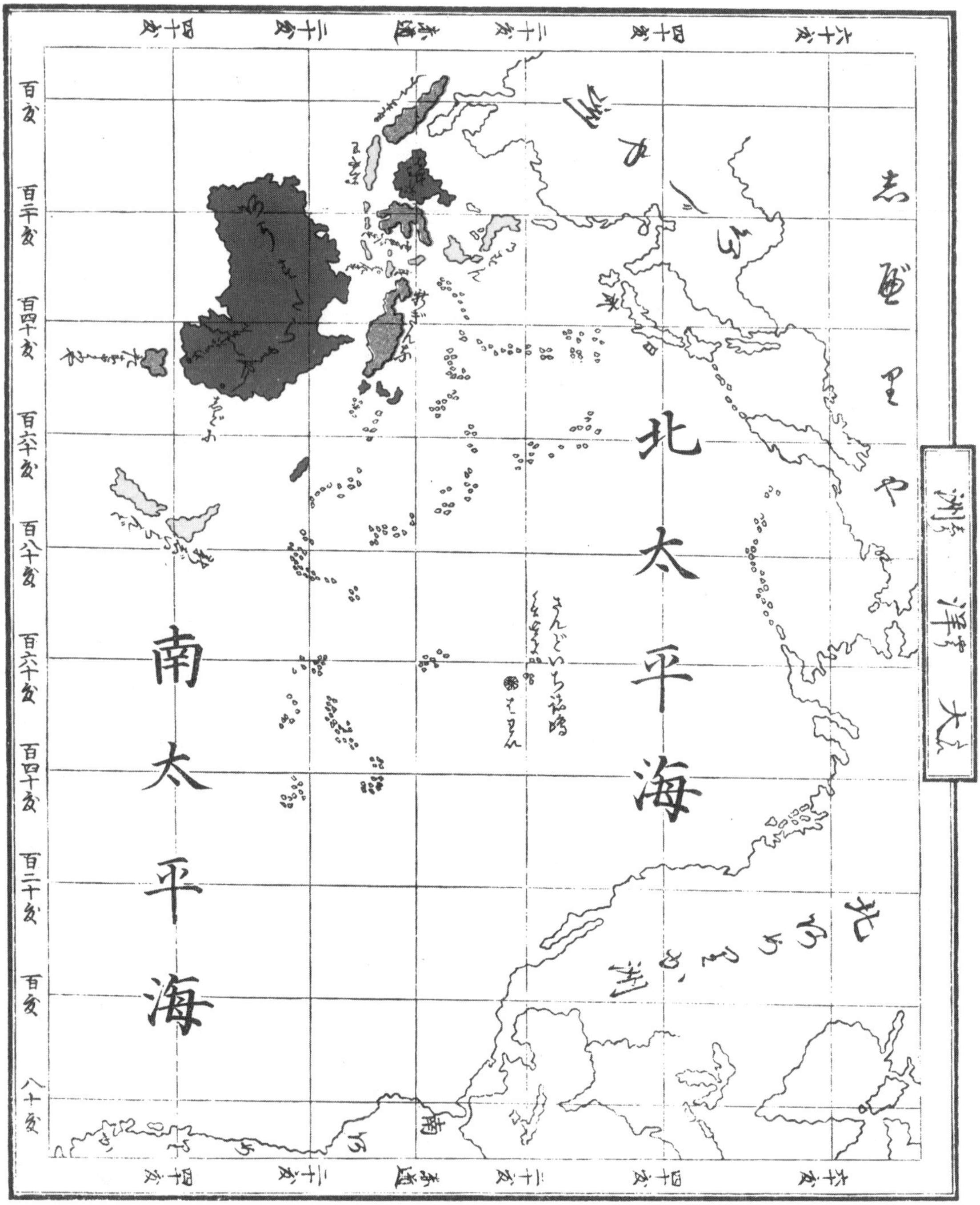
大洋洲
北太平海
南太平海

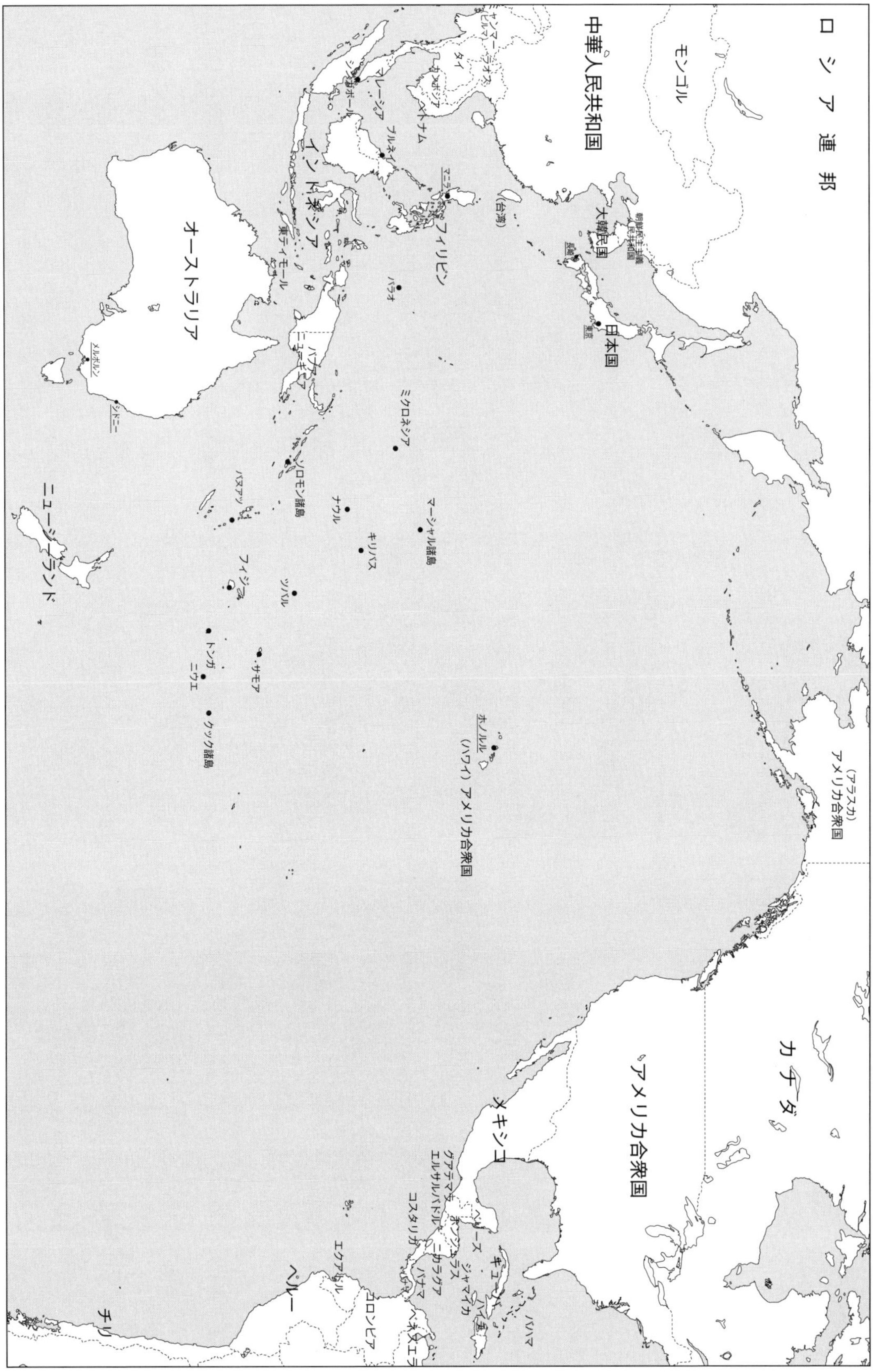
オセアニア州と周辺の国々（2017年）
ロシア連邦
モンゴル
中華人民共和国
朝鮮民主主義人民共和国
大韓民国
日本国
東京
（台湾）
フィリピン
マニラ
ベトナム
カンボジア
タイ
ラオス
ミャンマー
マレーシア
シンガポール
ブルネイ
インドネシア
東ティモール
オーストラリア
メルボルン
シドニー
パラオ
パプアニューギニア
ミクロネシア
ソロモン諸島
ナウル
マーシャル諸島
キリバス
バヌアツ
ニュージーランド
フィジー
ツバル
トンガ
ニウエ
サモア
クック諸島
ホノルル
（ハワイ）アメリカ合衆国
（アラスカ）アメリカ合衆国
カナダ
アメリカ合衆国
メキシコ
グアテマラ
エルサルバドル
ベリーズ
ホンジュラス
ニカラグア
コスタリカ
パナマ
キューバ
ジャマイカ
ハイチ
バハマ
ベネズエラ
コロンビア
エクアドル
ペルー
チリ

頭書大全
世界國盡
附録
六

六の巻　付録
——地理学の総論・天文の地理学・自然の地理学・人間の地理学——

地理学の総論

地理学は、西洋の言葉で「じようがらひい(1)」といいます。「じよう」とは、地の意味です。「がらひい」とは、書くという意味です。よって地理学は、地球上のことを書き記し、地球の外側を包む空気の様子までも説明する学問です。

地理学を三つの項目に分け、第一の項目を「あすとろのみかる・じようがらひい(2)」といいます。天文の地理学(3)という意味です。この項目では、地球を一つの惑星とみなして、ほかの惑星とともに太陽の周りを回って四季や寒暑の変化を起こすなどのことを述べます。第二の項目を「ひしかる・じようがらひい(4)」といいます。自然の地理学という意味です。この項目では、海陸、山川の区別、草木や禽《きん》獣《じゅう》の違い、土地の産物や時々の気候、風雨や雪、霜の模様などを述べます。第三の項目は、「ぽりちかる・じようがらひい(5)」といいます。人間の地理学という意味です。この項目では、人種や言語の種類、生活の様子や政治体制の違い、文学芸能が巧みかどうか、文明開化を迎えているかどうかなどを述べます。

天文の地理学

この世界も一つの惑星です。惑星とは、丸い物で、空中に浮かび、太陽の周りを回って、太陽の熱

(1) じようがらひい（geography） 地理学。
(2) あすとろのみかる・じようがらひい（astronomical geography） 天文地理学。
(3) **地理学** 福澤は、地理学の三項目を「天文の地学」「自然の地学」「人間の地学」としているが、ここでいう地学とは、地理学のことを指すため、訳文では、すべて地理学とした。
(4) ひしかる・じようがらひい（physical geography） 自然地理学。
(5) ぽりちかる・じようがらひい（political geography） 政治地理学。福澤はより広い意味で用いている。

気と光とを受ける星です。この太陽に属する惑星は数多くありますが、大きいものはただ八つだけです。つまり地球も、そのうちの一つです。地球が丸い証拠は、船に乗って海から陸をながめると、初めは山の頂《いただき》だけを見つけ、次第に陸に近づくにしたがい、ふもとの低いところも見ることができます。また地球の影が月に映るときは月食を起こします。その影は必ず円くなっています。影が円いということは、その物も円いと分かるはずです。

地球の周囲は、一万三百五十五里（約四万キロメートル）あまりもあります。南北を軸にして西より東へ回転し、十二時《とき》の間(6)に一回りを終わります。これを一昼夜とします。つまり、これが地球の自転です。このように自ら回りながら、三百六十五日二分五厘の間に太陽の周りを一回りして元の所に戻ります。これを一年とします。つまり、これが地球の公転です。このように太陽の周囲を転回する間に、太陽に近づいたり、遠ざかったり、さらにその光を真っ直ぐに受けたり、斜めに受けたりすることによって、寒さ、暑さが一様ではなくなります。四季の変化は、このために生じます。ただし赤道を境にして四季は逆さまになり、日本などのような赤道より北の国の夏は、「おうすたらりあ」などのような赤道より南の国の冬に当たります。本文の南亜米《あめ》利加《りか》の編に、池鯉《ちり》の国の冬は、わたしたちの夏ですと書いたのも、この国が赤道の南にあるから、夏と冬が逆さまになるのです。四方は東西南北です。上の絵では、一人の子どもが両手を広げて、右の手で日の出る方を指しています。この方角が、東です。左の手は、日の入る方を指しています。この方角が、西です。顔の向いている方角は北で、

（6）**十二時の間**　現在の二十四時間。

羅針盤の圖

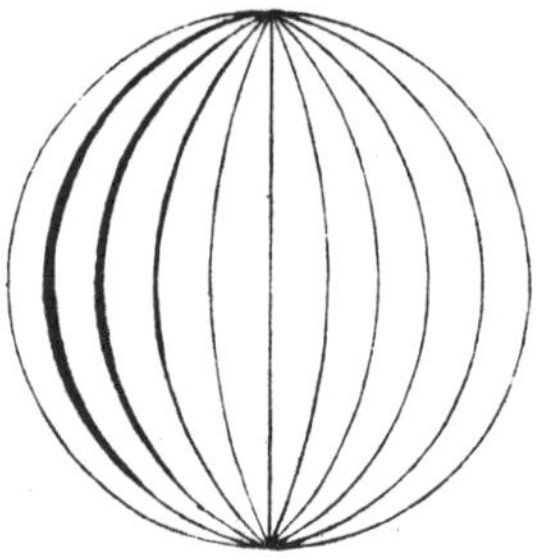

子《し》午《ご》線《せん》

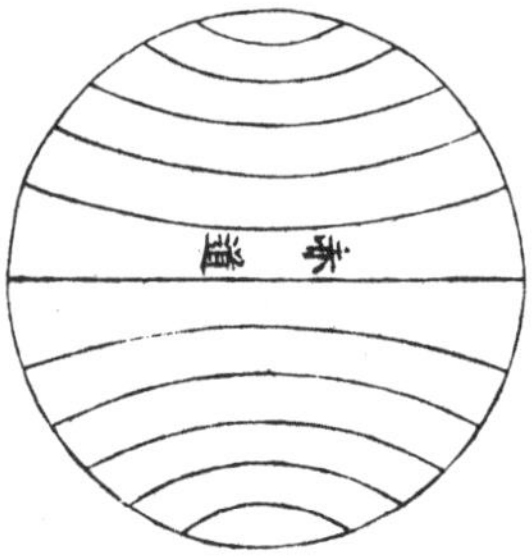

平《へい》行《かう》線《せん》

背中の方角は南です。この四つの方角を羅針盤《らしんばん》(7)の本点と名付けます。羅針盤は航海に欠かせない道具で、ただ四方だけではなく、東西南北の間を分けて、その間もさらに小分けにして、細かにこれを盤面に記し、その方角にしたがって、船の進む道を定めるものです。

地球の表面に縦横に線を引き、南北に通る線を子午線(8)と名付け、東西に通る線を平行線(9)といいます。地球の形は丸いので、このように縦横に引いた線の形も円くて輪のようになっています。この円い輪を三百六十に分けて、これを一度と名付け、東西に刻んでいるものを経度といい、南北に刻んでいるものを緯度といいます。平行線により南北の緯度を計るには、真ん中の赤道を元にして勘定を始めます。例えば地理の本の中に北緯三十五度と書いてあれば、赤道から北に向かって三十五度に当たるということで、日本や亜米利加《あめりか》の「かりほるにや」などになります。南緯の方もこれと同じです。子午線は、どの場所から始めるのも勝手次第ですが、たいていの地理書は、英吉利《いぎりす》の天文台「ぐりいんいッち」を元にしています。よって、東経百四十度といえば、英吉利の天文台から東に向かって百四十度に当たるということで、丁度、日本のところになります。「新じいらんど」は東経百七十七度南緯四十七度三十分に当たります。したがって、本編にも「新じいらんど」の人と英吉利の人とは、足の裏を向かい合わせにして、昼夜逆さまであるということを書いたのです。

地球の周囲は、英国の里法(10)で、二万五千里あります。日本の里数にす

(7) **羅針盤**　福澤は「じしゃく」と仮名を振っている。

(8) **子午線**　経線。

(9) **平行線**　緯線。

(10) **英国の里法**　マイルのこと、一マイルは約千六百メートル。

熱帯諸國の獣類

駝《だ》鳥

寒帯の獣類

れば一万三百五十里あまりです。つまり、地球の周囲を三百六十で割った時の一度は二十八里七合六勺《しゃく》四分《ぶ》（約百十キロメートル）あまりに当たります。ただしこれは、赤道で測ったもので、南北の方向に近寄れば次第に短くなり、南極、北極になれば、当然、何もなくなることになります。

　赤道より北と南へ二十三度半ずつの所に線を引き、これを二至線《じしせん》(11)と名付けます。二至線の間の気候は暑いので、熱帯と呼びます。また南北の極から赤道の方向に向かうこと二十三度半のところに線を引き、これを極線と呼びます。極から極線の間は寒い気候なので寒帯と呼びます。極線と二至線との間は四十三度の広さがあります。この間は、気候が程よく春夏秋冬が順序正しくめぐってくる

(11) **二至線**　北回帰線と南回帰線。

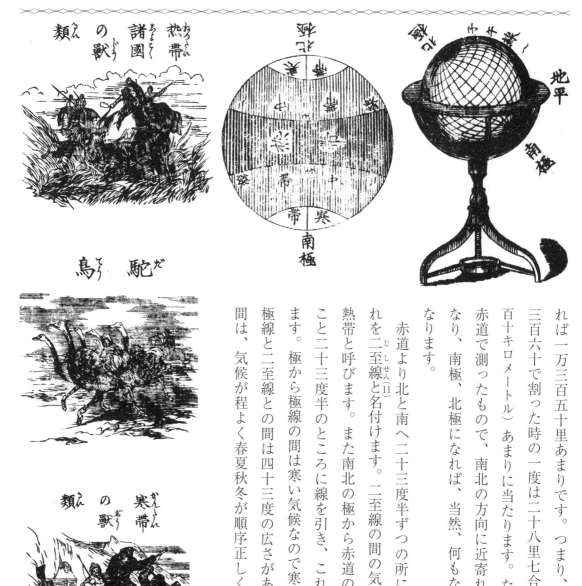

ため、中帯(12)と呼びます。中帯の人は、身体がよく働き、気力も充実しています。文明開化のとりわけ進んでいる国も、ただこの一帯にある諸国だけです。欧羅巴《ようろっぱ》、北亜米利加《あめりか》の合衆国、支那《から》、日本など、どれも中帯の中にあります。熱帯の土地には、草木がよく生長し、獅子《しし》、犀《さい》、象、豹《ひょう》、虎、蟒蛇《うわばみ》(13)などが多くいます。また駝鳥《だちょう》などという大きな鳥がいます。中帯、寒帯では全くいないものです。寒帯の土地には、禽獣《きんじゅう》や草木が少なく、人の体は小柄で文明は未発達です。獣類は白熊、馴鹿《じゅんろく》(14)などです。寒地に生息する獣は、どれも皮が厚くて毛深くなっています。自然に寒気を防ぐためです。

自然の地理学

この図を見ると、遠景は大洋で、河口に半島と二、三の小島があります。右手の小高い所には灯台があります。その先の方へ突き出ているのは岬です。左手の市中は、にぎわっていて、ここに走りこむ蒸気機関車があります。この様子を見て、おおよその地理の区分を知り、地理学の考え方の大枠を理解するといいでしょう。

本編でも書いたように、地球の表面は、四つにわけた三つ分は海で、一つ分が陸です。この陸地を三つに分けて、亜細亜《あじあ》、阿非利加《あふりか》、欧羅巴を東の半球とし、または旧世界といいます。南北亜米利加を西の半球とし、または新世界といいます。大洋洲もまた別に一つの世界ですので、合せて三世界となります。または、これを三大地と名付けます。西洋の言葉で「こんちね

(12) **中帯** 温帯。

(13) **蟒蛇** 大蛇。

(14) **馴鹿** トナカイ。

んと⁽15⁾」といいます。広く続いている土地という意味です。島とは、四方に海がある土地です。例えば、英吉利《いぎりす》、麻田糟軽《まだかすかる》、久場《きゅば》などは、みな、島国です。

半島とは、三方が水で一方だけ大地に続いている所をいいます。日本でいえば、肥前⁽16⁾の島原がこれに当たります。

地峡とは大洲と大洲とが続く所か、または半島と大洲とが続く所の狭い土地をいいます。例えば、亜細亜洲と阿非利加洲とが続く所に末洲《すえす》の地峡があり、南北亜米利加の境に巴奈馬《ぱなま》の地峡があります。

岬とは、海に突き出した陸地をいいます。阿非利加の南の端に喜望峰《きぼうほう》があり、南亜米利加の端に「けいぷほふるん」があります。

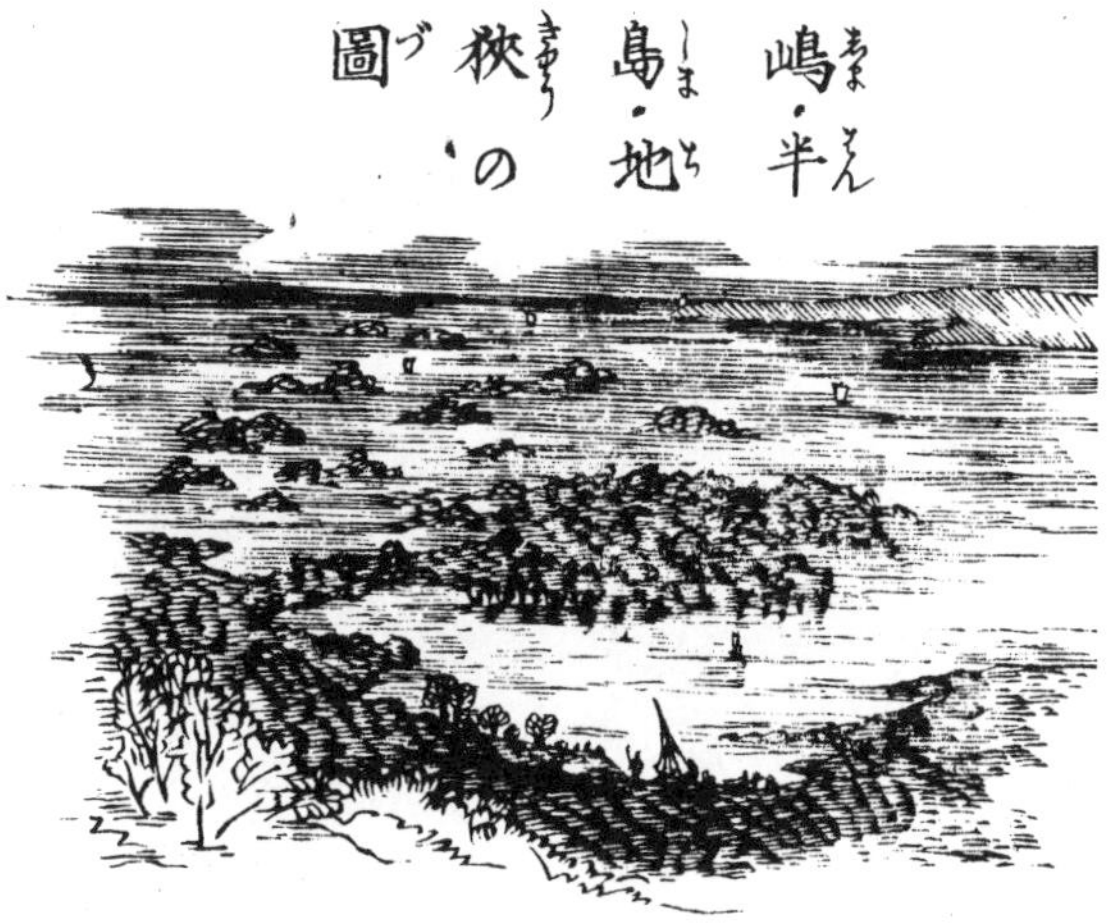

土地の高いものを山といいます。ただし、地理学では、高さ千尺（約三百メートル）以上あるものを山といい、千尺以下のものを岡といいます。山の高さを何尺かと測るのは、海面から勘定したものです。世界中の高山の中で第一は印度《いんど》の「ひめれや」山です。その高さは、三万尺（約九千メートル）近くあります。つまり、英吉利の里法で五里（約八千メートル）余りの高さです。けれどもこれを地球の広さと比べれば見るに足りません。地球の直径の千六百分の一しかありません。例えば、直径一丈六尺⁽17⁾（約四百八十五センチメートル）の玉に五分（約一・五センチメートル）ばかりのこぶがあるようなものです。地球の広いことを思い知るとよいでしょう。

山から火を噴《ふ》き、煙を出すものを火山といいます。世界中にその数は三百あります。この内の二百は島国の山です。

広い砂原に雨が降らず、草木が生長しない所を砂漠といいま

(15)　こんちねんと（continent）　大陸。

(16)　肥前　今の佐賀県、長崎県。

(17)　一丈六尺　仏の身長といわれ、略して丈六という。

す。阿非利加《あふりか》、荒火野《あらびや》の砂漠は、これに当たります。日本には砂漠がありません。

大洋とは、外海のことです。実は、世界中の海に、その水がたがいに通じていない所はないので、これを一大洋といっても差し支えないはずですが、地理の様子によって、これを分けて五大洋としています。それは、太平洋、阿多羅《あたら》洋、印度洋、北極洋、南極洋です。本編に洋の字を使わずに海と書いたのは、ただ人々が見慣れた字を使っただけです。

大洋の深さを調べてはいますが、いまだに確かなことは分かりません。その底に、高い低いがあるのは陸に山坂があるのと同じです。その最も深い所も、陸の山の最も高い所と等しいだろうということです。

海とは、大洋よりも狭くて、その周囲に陸地の近いものをいいます。地中海、黒海のようなものが、これに当たります。

湖は、淡水の集まったものです。その源は、河から流れ込み、または湖の底から湧き出ているものもあります。その出口は、また河となって海に入ります。世界一の湖は北亜米利加《あめりか》洲にあります。

入海《いりうみ》とは、三方に陸があって一方だけ外海に続くものをいいます。あるいは、これを湾ともいいます。「めきしこ」湾または弁軽《べんがる》の入海などが、これに当たります。その中でも狭くて船が停泊するのによい所を港といいます。

瀬戸とは、海と海とが続く狭い所をいいます。「じぶらるたる」の瀬戸は阿多羅海と地中海とが続く所にあります。下関の瀬戸は周防灘《すおうなだ》と玄界灘《げんかいなだ》との境目にあります。

陸地の低い所に流れる水を河といいます。河の源は、泉から出たり、湖水から出たりします。雨雪の水が、山中に溜まり、その穴から流れ出て谷川となり、次第に集まって河となり、また合わさって大河となり、ついに海に入ります。南亜米利加の「あまぞん」は世界一の大河で、北亜米利加の「みすしッぴい」は世界一の長河です。河の流れる道で、急に低い所に落ちるものを滝といいます。合衆国の「にゅうよるく」州に「ないやがら」という滝があります。高さ百六十尺（約四十八メートル）、世界中の名所となっています。

人間の地理学

自然の地理は、いつまでも変わらないもので、天地が開けた時も、現在も大きく異なることはありません。けれども地球上に生まれた人間の考えによって、その地面を分けて境を定め、それぞれの政府を建てれば、国民も共にその国の利益になる方法を誰もが考えます。これによって、人間の地理の区分けが生じ、世界中が国々に分かれるのです。この区分は元々、人間の作ったものなのでいつまでも変わらないということはありません。争いによって戦いを起こす者があります。野心を抱いて国を盗む者もいます。力づくで土地を横領する者もいます。これはつまり、国々に盛衰《せいすい》や興廃《こうはい》の変化がある理由です。このように、人の考えによって勝手に定めた国の境は、必ずしも海陸山川を目印にはしていません。ただ両方の人が約束した条約の書面によってのみ、その境を守ることもあります。けれども、取り決めを分かりやすくして、乱暴な人々が襲ってくるのを防ぐためには、大洋や山川の通っている所によって境を決めることが良いとされます。

本編の初めにも書いた通り、世界中の人種を五つに分けて、その顔かたちや賢さ愚かさも同じではないので、その国々の生活の様子や生活のための仕事もまた、一様ではありません。

㋑文明開化とは、都会を開いて市や町を築き、住まいの場所を定めて心地よい家に住み、物事の順序を間違えず、心を使い、体を働かせ、礼儀を重んじて正しいことを大切にするものをいいます。

㋺蛮野《ばんや》とは、住まいの場所を定めず、水や草を追って場所を移し、牛や羊を飼ったり、鳥や獣を捕らえたりして暮らすものをいいます。

右の二つの様子をなお細かく区分するときは左の通りです。

第一を渾沌《こんとん》といいます。蛮野の中でも最も文明が未発達な人々で、その生活は鳥獣の仲間の生活からそれほど遠く外れてはいません。阿非利加《あふりか》の内地や、「新ぎんな」「おうすたらりあ」などの先住民が、これに当たります。はてしなく広い野原を歩き回って、獣や魚をつかまえたり、虫を食べたり、野山に生える木の実や草の根を食べものにしたりします。その人々の性質は、慈悲《じひ》の心がなく互いに争い合い、物事に迷いやすくて、人としての正しい行いを知らず、特にひどいのは人の肉を食べるものがあります。その住まいは、いつも定まった家がありません。または、粗末な小屋を作り、一つの村のような様子になることもありますが、成り行きまかせで、たちまち散り散りになり、跡形もなくなります。農業をして働かないので五穀《ごこく》を食べません。衣服もとても貧しくて、ほとんど裸の者も多くいます。その知識は元々狭い範囲で、文字を知らず、法律を知らず、礼儀の教えがなく、土地の区分けがありません。このような人々の中にも頭《かしら》となる人がいて大勢を支配していますが、人民の扱いはひどく乱暴で、正しい行いから外れています。

第二を蛮野といいます。渾沌の人たちよりも一段、文明が発達しています。支那の北方韃靼《だったん》(18)、荒火野《あらびや》、また北阿非利加の先住民などがこれに当たります。この種類の人たちは住む家がなく、天幕(19)を張って雨露をしのぎ、あるいは家を作るといってもとても粗末なものです。水や草を手軽に得られるように、その天幕や家を手に抱えて場所を移すこともあります。食物は、牛や羊の肉を食べ、その乳を飲み、少しばかり農業の方法を理解して五穀を食べる者もいます。蛮野の国には、文字がありますが、読み書きできる人は多くありません。特に芸術については、まだ進んでおらず、道具や仕組みの工夫が知られていません。この人々を支配する者は「ぱとりあるく(20)」といって家長に当たります。従う人たちは、この人を親分とし、君父《くんぷ》として尊敬し、その法律は、ひじょうに人に厳しく乱暴です。

第三を未開または半開といいます。いまだに真の文明開化にはなっておらず、半ば開けかけたような状態ですが、蛮野に比べればはるかに文明が発達しています。農業の方法は、よく理解していて食

(18) **韃靼**　タタール人(モンゴル系の一部族)の中国での呼び名。
(19) **天幕**　テント。
(20) **ぱとりあるく**(patriarch)　家長。族長。

物が多く、芸術も進んで次第に上手にこなし、都会を開いて住まいを飾り、文字や学問も随分と盛んです。ただし、人をうらみ、憎む気持ちが強くて、他国の人を嫌い、婦女子を軽蔑《けいべつ》し、弱い者を苦しめる傾向があります。支那《から》、土留古《とるこ》、辺留社《ぺるしゃ》などの国々は、半ば開けた国といっていいでしょう。

第四を文明開化といいます。礼儀を重んじ、正しい法則を認め、人の心はやさしく生活の様子は穏やかで、様々な仕事の方法は日々新しくなり、学問は月ごとに進化し、農業を熱心に行い、ものづくりに努力し、様々な芸術に手を尽くしていて、国民は仕事に満足し、天からの幸福を受けて、将来にも期待があり、自然と満たされています。亜米利加《あめりか》合衆国、英吉利《いぎりす》、仏蘭西《ふらんす》、日耳曼《ぜるまん》、和蘭《おらんだ》、瑞西《すいちつる》などの国々は、文明開化の程度に届いているといっていいでしょう。

世界中には、帝国があり、王国があり、公国があり、侯国《こうこく》(21)があり、また共和政治の国があります。帝国とは、皇帝が支配する国です。魯西亜《ろしあ》、墺地利《おうすとりあ》、仏蘭西のような国々です。王国とは王が支配する国です。英吉利、普魯士《ぷろしあ》、西班牙《いすぱにあ》、和蘭のような国々です。公侯の国もこれと同じです。共和政治の国とは、君主が存在せず、国中の人の話し合いによって治める国です。南北亜米利加洲の国々、瑞西、理辺利屋《りべりや》のような国々が、これに当たります。

国中の支配や取り締まりをしやすくするために、その土地を州に分け、郡に分け、県に分けています。その呼び名は国々によって同じではありませんが、実際に分かれていることに違いはありません。

人々の多くが集まって家を建て、市や町を開いた所を都会といいます。亜米利加合衆国で大都会といえる所は、「にゅうよるく」「ふぃれでるひや」「ぼふすとん」「ばるちもふる」「にゅうおるりいんす」などです。都会の場所を選ぶには商売の便を考え、産物の運送などの様子によってこれを定めます。

首府あるいはただ都と記しますとは、国の政府のある場所をいいます。「わしんとん」は合衆国の首府です。「ろん

(21) **公国、侯国**　爵位を持った貴族の治める国。

どん」は英吉利の首府です。

政府の体裁《ていさい》とは、その国を治める法律の立て方をいいます。その種類は三つあります。

第一を「もなるき(22)」といいます。立君の意味です。立君とは一人の君主を立てて、その国を支配することです。例えば、英吉利、仏蘭西、魯西亜、そのほかの国々はみな、立君の国です。立君の政治体制をさらに二つに分けて、一つを定律立君といいます。国の君主一人で政治を自由にさせず、国内に議事院といって評定所《ひょうじょうしょ》を開き、国中全員の投票によって人を選び、毎年この評定所に集まって法律を定め、決まりを設け、一人の君主であっても国の決まりは破ることができないようにしたものです。例えば、その国の君主が行い悪く、ぜいたくを極めたり、理由もなく戦いを起こしたりして国に必要なお金を要求しても、議事院の評議で決して許しません。君主の権威はどれもたいへん弱く、国が先にあって君主を後にするという考えです。英吉利、和蘭、西班牙などの国々は、これに当たります。もう一種類の「もなるき」を独裁立君といいます。国に君主を立て、その君主一人の勝手次第で政治を行い、国民の命も君主のものであるといい、地位の高い人の考え一つで、理由もなく年貢や税金を取り立て、人を罪におとしいれて財産を没収することもあります。何事も一人の考えで、世の中を自分のものにするものです。魯西亜、土留古、支那などの国々です。もし、その君主が賢明な人物で、よく心を配れば、国を治められないこともありませんが、万一、学問がなく字も読めず、自分勝手につけあがるときは、国民の苦しみはたいへんなものです。これを暴君といいます。

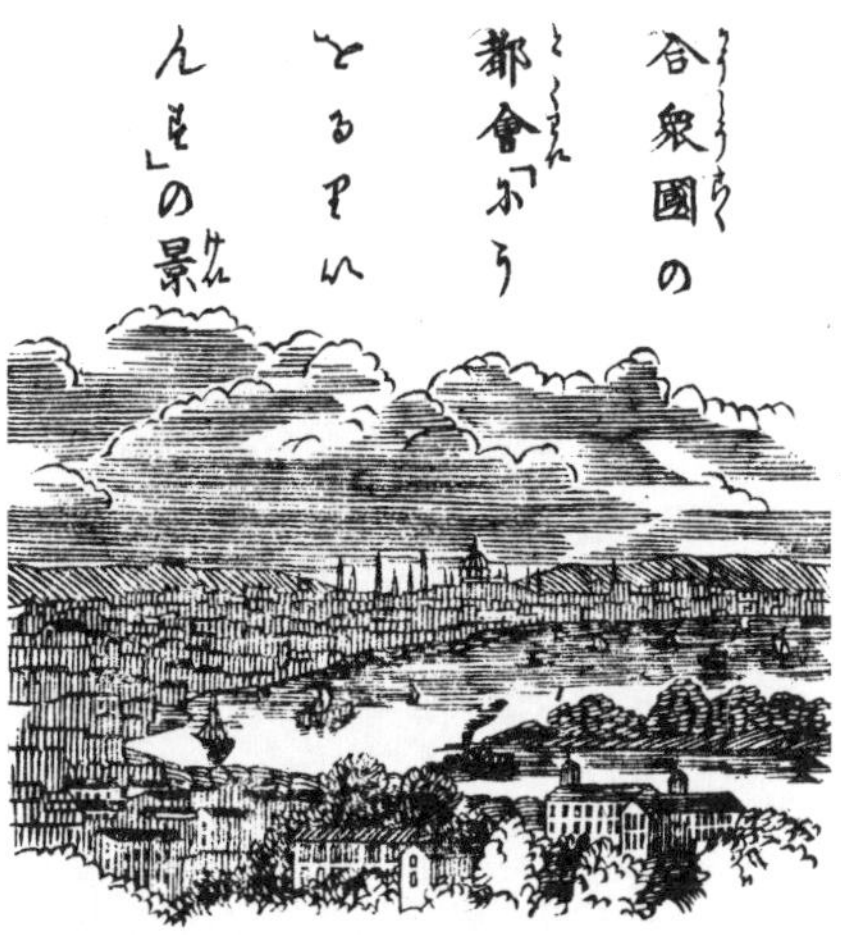

第二の政治体制を貴族合議といいます。家柄が良く、地位が高い人々が集まって政治をあつかうものです。

(22) もなるき (monarchy) 君主政治。

亞《あ》米《め》利《り》加《か》合《がふ》衆《しゅう》國《こく》議《ぎ》事《じ》院《いん》の圖《づ》

第三を共和政治、または合衆《ごうしゅう》政治といいます。国中の人々の話し合いで政治を行うものです。共和政治の考えは、この世に生まれた人を同等、同格であると定めています。その見解によれば、そもそも人間はそれぞれ精神があり体もあります。地位が高い人だからといってこの精神を二つ持っていることはなく、手足を八本持っているわけでもありません。ならば、生まれながらにして身分の貴い、いやしいの違いがあるはずがありません。ましてや、歴代の家柄だけを理由にして、たまたまその人に才能や人徳があればともかくも、もしそうではなくて、ただその位だけが人の上に立ち、心は貧しくて、思う存分わがままをするときには、どうなるでしょう。地位が低い者はたとえ人よりも優れた才能や人徳があっても、乱暴な人のもとで縮こまり、百姓町人は汗を流し仕事をして、少しずつ貯えたお金も、かしこい鳶《とび》にさらわれるように、いつの間にか取り上げられ、地位の高い人のわがまま、道楽に使われる様子であれば、自然の道理に大いに反するものとなります。結局、世の中に政府を建設するのも、国中に不正な事が行われないように、人々の命が危なくないように、その財産を失わないように、ほかの国から軽くみられないようにするためで、その取り締まりをして、国を守るために、役人を雇《やと》い、軍備を整え、農工商からその費用を払ってもらうことになります。例えれば、地位の低い者は、お金を払って物を買っているようなものです。値段はなるだけ安くして、品質はなるだけ上等の物を選ぶはずです。ところが、その代金ばかり渡して品物はまるで受け取らないのみか、かえって、そのお金を奪っただけの者のために痛い思いをするということがあっては、とんでもないことです。害があって、利益のないことです。したがって、貴いことの上下や歴代の家柄などの話は止めることにして、人々の持って生まれた心を使い、体を働かせ、他人の邪魔をせずに一緒に身を守り、その父母妻子を養い、その家を治め、その国を建て、目的のない命令を下す者もなく、目的のない年貢や税金を取り立てる者もなく、天下太平、国家安全の日々を送るのがいいでしょう。右のような議論によれば、政府もなくて済みそうですが、人の心が同じではないことは、その顔つきや体つきがそれぞれ違うのと同じです。さらに、世の中の人は、誰もがみな、善人ではありませんので、争い事がないことは、かないません。よって、国中の人が話し合い、投票によって人を選び、政治の代表者を決め、議員を指名し、任期の期間中は、それにふさわしい給料を渡して政治を行わせます。議員は、国民全員の利益になることばかりを考え、外国に対しては軽くみられず、国の勢いを海外にまで行き渡らせるということを共和政治の考えとしています。亜米利加《あめりか》合衆国では、この代表者を「ぷれじてんと」(23)といいます。任期は四年交代で、一年の給料は二万五千「どるらる」(24)です。議員は、上席と下席(25)の二つがあります。上席の議員は六年交代、下席の議員は二年交代です。

世界国尽付録終

(23)　ぷれじてんと（president）　大統領。
(24)　どるらる（dollar）　ドル。
(25)　上席と下席　上院と下院のこと。

海外渡航の経路

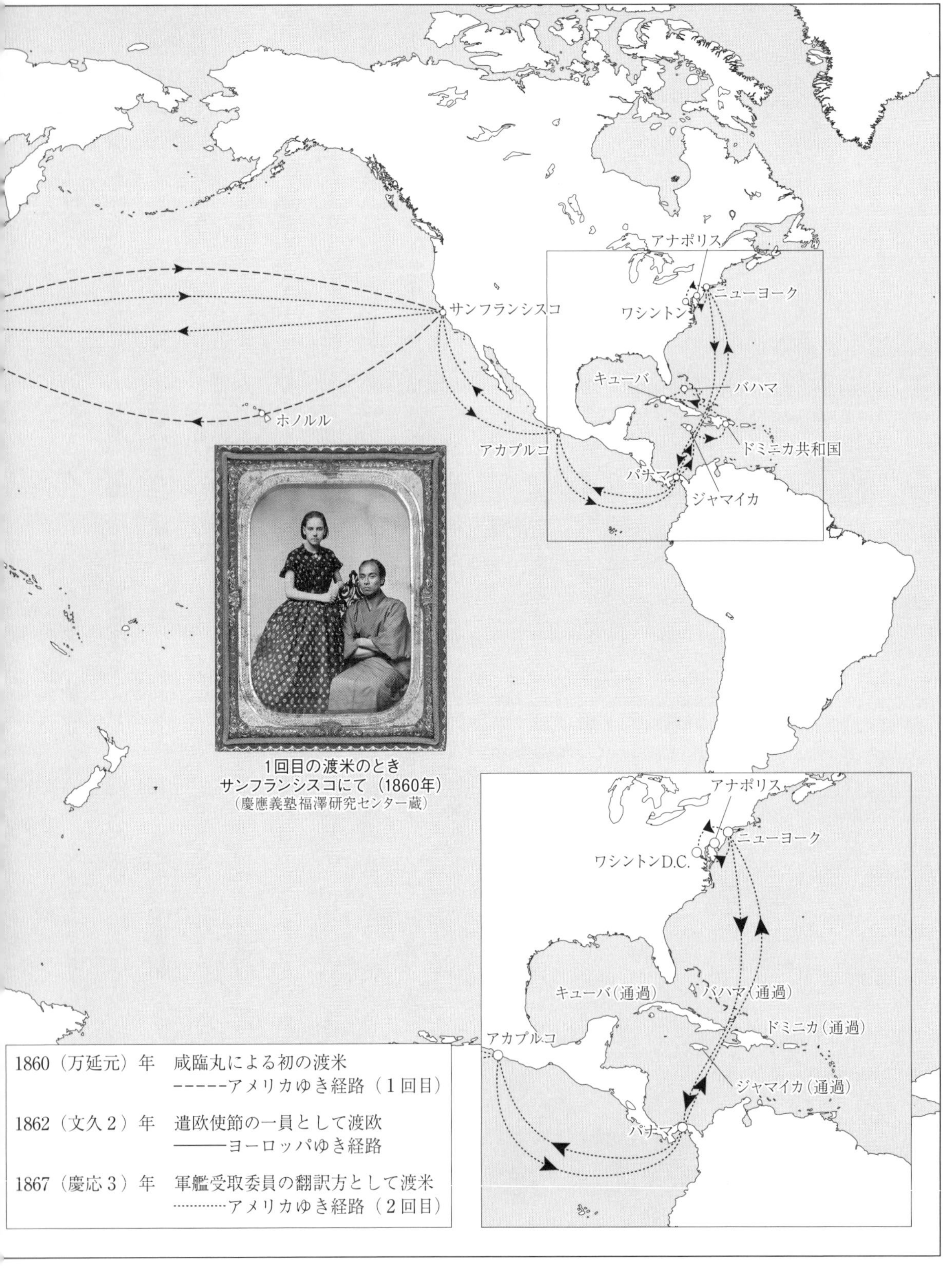

1回目の渡米のとき
サンフランシスコにて（1860年）
（慶應義塾福澤研究センター蔵）

福澤諭吉　三度の

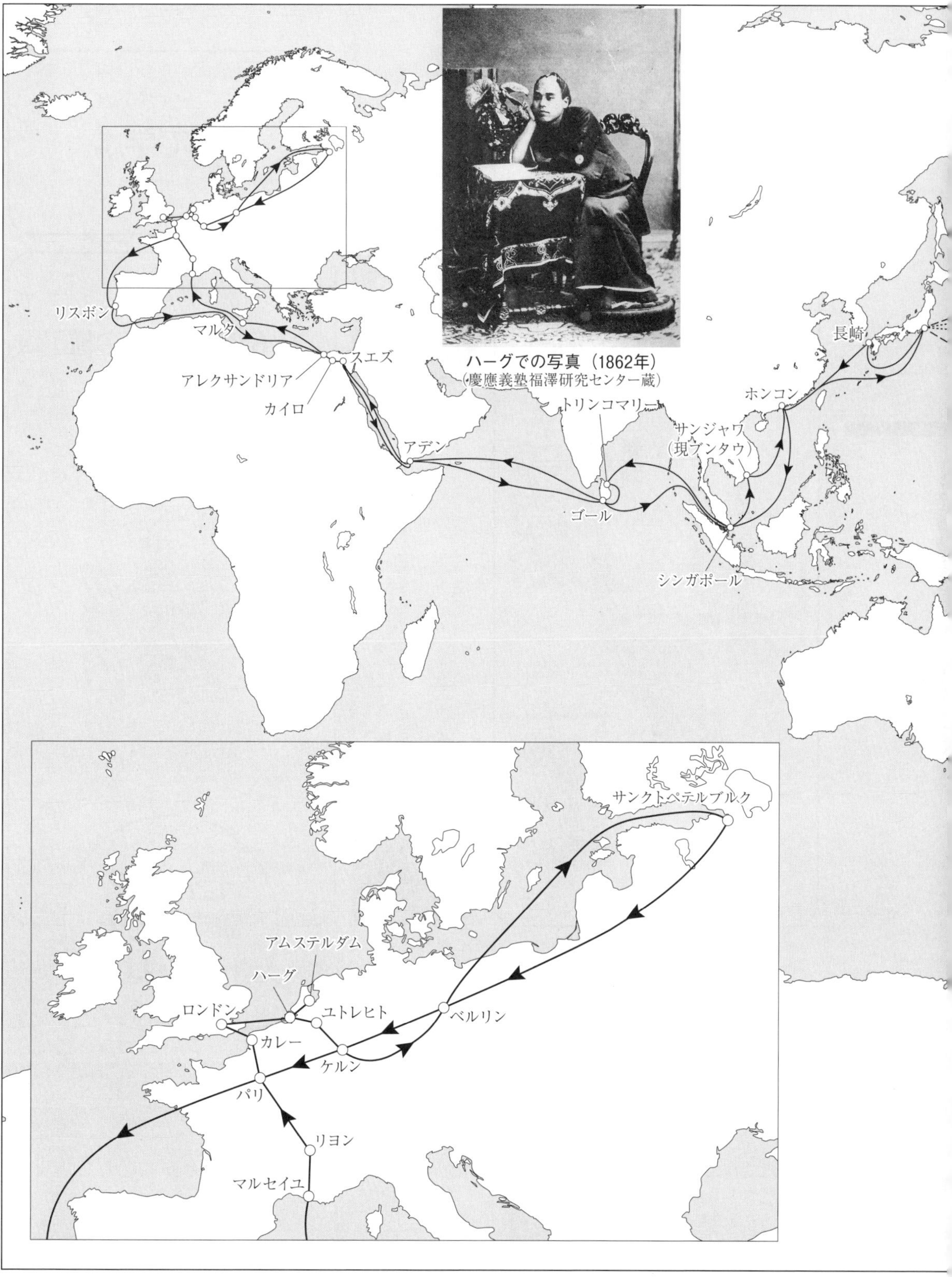

ハーグでの写真（1862年）
（慶應義塾福澤研究センター蔵）

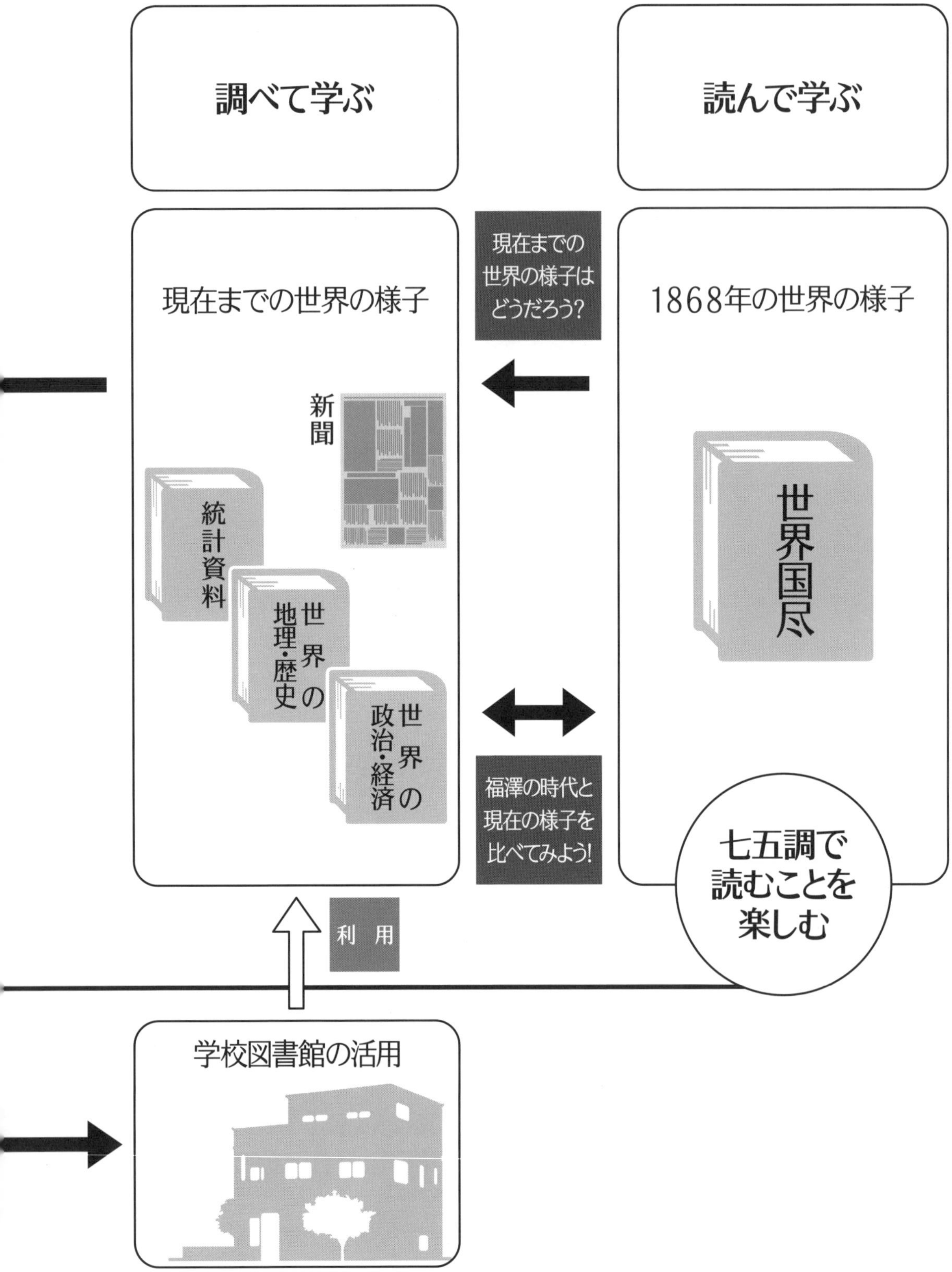
調べて学ぶ
読んで学ぶ
現在までの世界の様子
現在までの世界の様子はどうだろう?
1868年の世界の様子
新聞
統計資料
世界の地理・歴史
世界の政治・経済
世界国尽
福澤の時代と現在の様子を比べてみよう!
七五調で読むことを楽しむ
利用
学校図書館の活用

《本書を利用した授業案》

本書を利用した授業の一例です。『世界国尽』を読むだけではなく自ら調べ、自分たちの『世界国尽』を作ることで、世界の地理・歴史への理解を深めることができるでしょう。

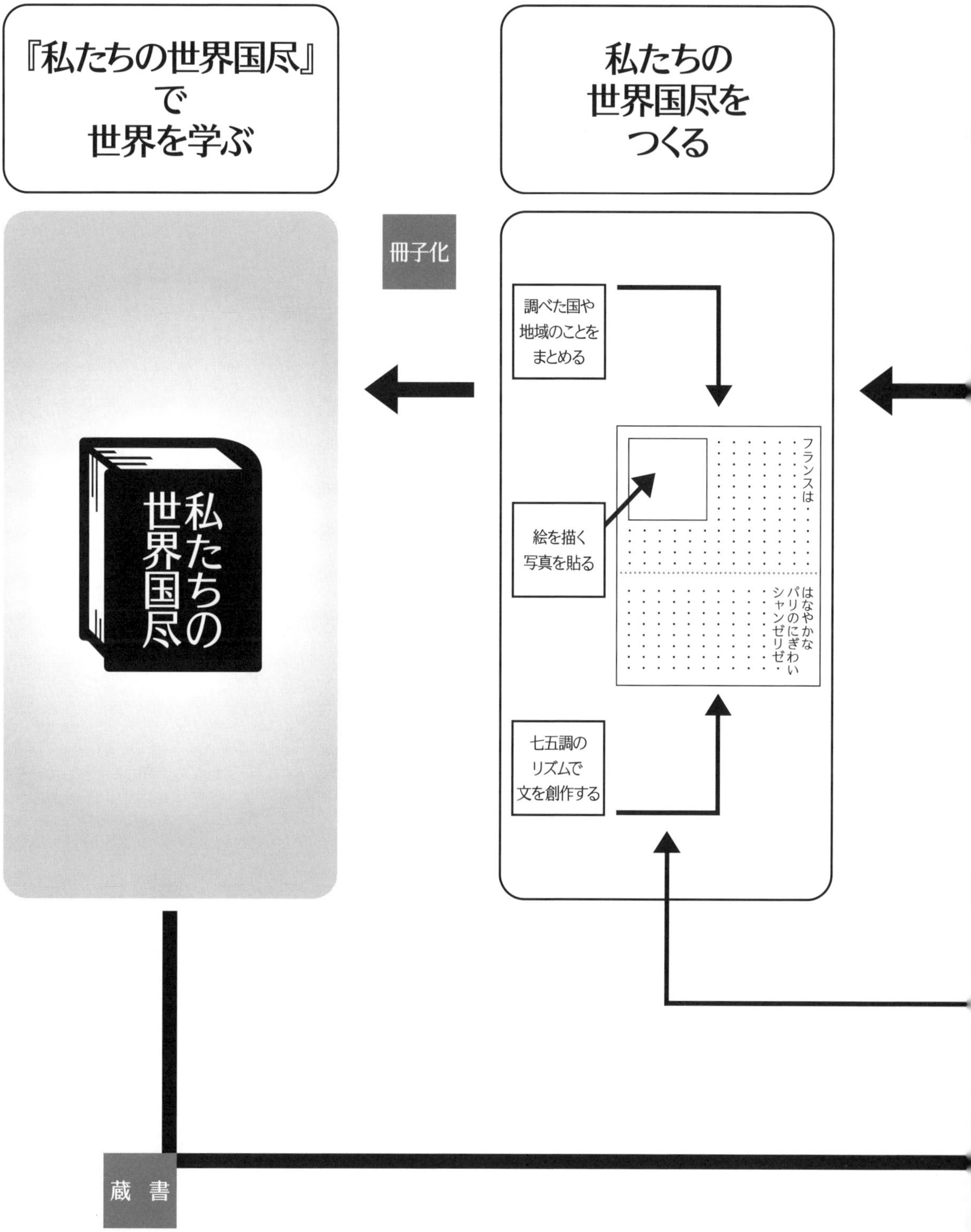

参考文献

福澤諭吉著／富田正文校注『福翁自伝』慶應義塾大学出版会（二〇〇一年）
福澤諭吉著／伊藤正雄校注『学問のすゝめ』講談社（二〇〇六年）
福澤諭吉「万延元年アメリカハワイ見聞報告書」『福澤諭吉全集　第十九巻』岩波書店（一九六二年）
福澤諭吉「西航記」『福澤諭吉全集　第十九巻』岩波書店（一九六二年）
福澤諭吉「慶應三年日記」『福澤諭吉全集　第十九巻』岩波書店（一九六二年）
福澤諭吉「西洋事情」『福澤諭吉著作集　第一巻』慶應義塾大学出版会（二〇〇二年）
福澤諭吉「西洋旅案内」『福澤諭吉全集　第二巻』岩波書店（一九五九年）
富田正文『考証　福澤諭吉　上』岩波書店（一九九二年）
山口一夫『福澤諭吉の西航巡歴』福澤諭吉協会（一九八〇年）
山口一夫『福澤諭吉の亜米利加体験』福澤諭吉協会（一九八六年）
山口一夫『福澤諭吉の欧亜見聞』福澤諭吉協会（一九九二年）
鹿野正直『福翁自伝と福沢諭吉』さ・え・ら書房（一九七一年）
桑原三郎『福澤先生百話』福澤諭吉協会叢書（一九八八年）
岩崎育夫『物語シンガポールの歴史』中央公論社（二〇一三年）
田村慶子編著『シンガポールを知るための65章』明石書店（二〇〇一年）
春名徹『にっぽん音吉漂流記』晶文社（一九七八年）
三浦綾子『海嶺　上中下』角川書店（一九八六年）
柳蒼二郎『海商　異邦の人ジョン・M・オトソン』徳間書店（二〇〇九年）
『日本聖書協会一〇〇年史』日本聖書協会（一九七五年）
国立国会図書館「本の万華鏡」より「第一四回アフリカの日本　日本のアフリカ」（二〇一三年一〇月）
那須国男『アフリカを知るための10章』第三書館（一九九四年）

川端正久編『アフリカと日本』勁草書房（一九九四年）
平野克己監修『図解　未知の大陸　アフリカ完全読本』綜合図書（二〇一四年）
ちくま評伝シリーズ『ワンガリマータイ』筑摩書房（二〇一四年）
二宮書店編『データブック　オブ・ザ・ワールド　二〇一六年版』二宮書店（二〇一六年）
『European Rail Timetable June 2016』European Rail Timetable Limited（二〇一六年）
仁平尊明監修『世界の国々6　北アメリカ州』（帝国書院　地理シリーズ）帝国書院（二〇一三年）
矢口祐人『ハワイの歴史と文化』中央公論新社（二〇〇二年）
山中速人『ハワイ』岩波書店（一九九三年）
ジョン・タナカ著　佐々倉守邦訳『ハワイ王国物語』ＪＴＢパブリッシング（二〇〇七年）
増田義郎訳『クック太平洋探検』（一～六）岩波書店（二〇〇四・五年）
フランク・マクリン著　日暮雅通訳『キャプテン・クック　世紀の大航海者』東洋書林（二〇一三年）

福沢諭吉 『学問のすゝめ』をかいた思想家

ISBN978-4-623-05886-0　AB判上製カバー／32頁／オールカラー／総ルビ／本体2500円（税別）

近代的な思想を日本に紹介し、明治の世に影響を与えた福沢諭吉。イラストとともに人物のエピソードを紹介する伝記と、人物やその時代への理解を深める資料を掲載しているので、歴史や文化への理解力を養う調べ学習にも最適。

●『福沢諭吉』もくじ

年　表
　物語編
人の上に人をつくらず
　資料編
福沢諭吉ってどんな人？
福沢諭吉が生きた明治時代
もっと知りたい！　福沢諭吉
さくいん・用語解説

◁『福沢諭吉』資料ページ

第一線で活躍する歴史学者・絵本作家による巻末資料も充実した本格派歴史絵本、全36冊

よんで しらべて 時代がわかる **ミネルヴァ日本歴史人物伝**　西本鶏介・文　AB判上製オールカラー 総ルビ各32頁 各2500円

卑弥呼 山岸良二監修　宮嶋友美絵
聖徳太子 山岸良二監修　たごもりのりこ絵
小野妹子 山岸良二監修　宮本えつよし絵
中大兄皇子 山岸良二監修　山中桃子絵
鑑真 山岸良二監修　ひだかのり子絵
聖武天皇 山岸良二監修　きむらゆういち絵
清少納言 朧谷 寿監修　山中桃子絵
紫式部 朧谷 寿監修　青山友美絵
平清盛 木村茂光監修　きむらゆういち絵
源頼朝 木村茂光監修　野村たかあき絵
源義経 木村茂光監修　狩野富貴子絵
北条時宗 木村茂光監修　山中桃子絵
足利義満 木村茂光監修　宮嶋友美絵
雪舟 木村茂光監修　広瀬克也絵
織田信長 小和田哲男監修　広瀬克也絵
豊臣秀吉 小和田哲男監修　青山邦彦絵
細川ガラシャ 小和田哲男監修　宮嶋友美絵
伊達政宗 小和田哲男監修　野村たかあき絵
徳川家康 大石 学監修　宮嶋友美絵
春日局 大石 学監修　狩野富貴子絵
徳川家光 大石 学監修　ひるかわやすこ絵
近松門左衛門 大石 学監修　野村たかあき絵
杉田玄白 大石 学監修　青山邦彦絵
伊能忠敬 大石 学監修　青山邦彦絵
歌川広重 大石 学監修　野村たかあき絵
勝海舟 大石 学監修　おくやまひでとし絵
西郷隆盛 大石 学監修　野村たかあき絵
大久保利通 安田常雄監修　篠崎三朗絵
坂本龍馬 大石 学監修　野村たかあき絵
板垣退助 安田常雄監修　青山邦彦絵
伊藤博文 安田常雄監修　おくやまひでとし絵
小村寿太郎 安田常雄監修　荒賀賢二絵
野口英世 安田常雄監修　たごもりのりこ絵
与謝野晶子 安田常雄監修　宮嶋友美絵
宮沢賢治 黒井 健絵

ミネルヴァ書房

http://www.minervashobo.co.jp/

執筆者紹介

齋藤　秀彦（さいとう・ひでひこ）**編者**〔現代語訳，解説担当　一の巻・五の巻〕

慶應義塾横浜初等部教諭。1991年慶應義塾大学経済学部卒業，99年同大学院経営管理研究科修了（MBA）。株式会社ユナイテッドアローズ執行役員を経て，2013年より現職。2015年より慶應義塾福澤研究センター所員。

白井　敦子（しらい・あつこ）〔解説担当　二の巻・四の巻〕

慶應義塾横浜初等部教諭。1996年慶應義塾大学文学部人間関係学科教育学専攻卒業。慶應義塾大学三田メディアセンターの委託業務を経験した後，私立山脇学園中学校高等学校社会科教諭を経て，2014年より現職。

坂戸　宏太（さかと・こうた）〔解説担当　三の巻〕

慶應義塾横浜初等部教諭。1999年慶應義塾大学環境情報学部卒業。近畿日本ツーリスト株式会社勤務を経て，2005年慶應義塾大学大学院政策・メディア研究科修士課程修了，2011年同研究科後期博士課程単位取得退学。私立大宮開成中学・高等学校社会科教諭を経て，2014年より現職。

福澤諭吉の『世界国尽』で世界を学ぶ
—七五調でうたっておぼえる世界の地理と歴史—

2017年4月20日　初版第1刷発行　〈検印省略〉

定価はカバーに
表示しています

編著者　齋　藤　秀　彦
発行者　杉　田　啓　三
印刷者　江　戸　孝　典

発行所　株式会社　ミネルヴァ書房
607-8494 京都市山科区日ノ岡堤谷町1
電話代表（075）581-5191
振替口座 01020-0-8076

共同印刷工業・清水製本

ISBN978-4-623-07828-8
Printed in Japan

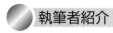

人名索引

人　名	読み方 （　）は現在の読み方	備　考	掲載ページ
岩吉	いわきち	音吉とともに漂流，新約聖書の日本語訳を手伝う。	21
ゑるりんとん	（ウェリントン）	イギリスの公爵位。アーサー・ウェルズリーがナポレオンを打ち破り与えられた位。	36
音吉〔林阿多（りんあとう），ジョン・M・オトソン〕	おときち	知多郡小野浦村の船乗り。漂流後，帰国叶わずシンガポールで生涯を閉じる。	21-24
小野友五郎	おのともごろう	幕臣。咸臨丸には測量方として乗船。明治維新後も数学の普及に活躍する。	84
カウムアリイ	かうむありい	カウアイ島とニイハウ島のアリイヌイ（王）。	107
勝海舟	かつかいしゅう	名は安芳（やすよし），通称麟太郎（りんたろう）。西郷隆盛と会見し江戸無血開城を実現する。	84-85
かぴたん・こっく　→ジェームズ・クック	（キャプテン・クック）		
カメハメハ	かめはめは	カラニオプウの甥。ハワイ諸島を統一し，初代国王に就任した。	107
カメハメハ二世	かめはめは　にせい	カメハメハ一世の死去後，第2代国王になるが，若くして死去する。	107
カメハメハ四世	かめはめは　よんせい		103, 108
カラニオプウ	からにおぷう	ハワイ島のアリイヌイ（王）。	106, 107
カラニクプレ	からにくぷれ	オアフ島のアリイヌイ（王）。	107
木村摂津守喜毅	きむらせっつのかみよしたけ	江戸幕府末期の旗本。軍艦奉行。名は喜毅（よしたけ），芥舟（かいしゅう）ともいう。	19, 84, 85
久吉	きゅうきち	音吉とともに漂流，新約聖書の日本語訳を手伝う。	21
キワラオ	きわらお	カラニオプウの長男で，ハワイ島アリイヌイの後を継ぐ。	107
げいじ	（ゲージ）	トーマス・ゲージ。当時，マサチューセッツ湾総督兼イギリス軍総司令官。	77-78
孔子	こうし	中国の学者，思想家で，儒教の祖。	13
コロンブス〔古論武士，古論武子，ころんぶす〕	ころんぶす	イタリア出身の航海者。新大陸を「発見」したことで知られる。	72, 74, 81, 88, 104
ジェームズ・クック〔キャプテン・クック，かぴたん・こっく〕	じぇーむず・くっく	イギリスの探検家。キャプテンは船長の意味。	100, 102, 105-106, 108
始皇帝	しこうてい	中国戦国時代の秦の王。中国を統一し皇帝となる。	13
釈迦	しゃか	仏教の開祖。インド釈迦族の王子で本名はゴータマ・シッダールタ。	14
ジョージ・ワシントン　→わしんとん	じょーじ・わしんとん		
ジョーン・ブルック大尉	じょーん・ぶるっくたいい	アメリカ海軍の軍人で，咸臨丸には技術アドバイザーとして乗船。	84

白洲王	しらすおう（キュロス二世）	アケメネス朝ペルシアの創立者で，大帝国の基礎を築く。	15
スタンフォード・ラッフルズ	すたんふぉーど・らっふるず	東インド会社の職員。シンガポールの建設者と呼ばれる。	20
スタンリー	すたんりー	新聞記者。遭難したリヴィングストンを発見。自身もアフリカ探検をする。	40
チャールズ・ギュツラフ	ちゃーるず・ぎゅつらふ	ドイツ人宣教師であり，通訳官。中国を中心に宣教活動をする。	22
トマス・ジェファソン	とます・じぇふぁそん	アメリカ独立宣言の起草者。第３代アメリカ合衆国大統領。	88
中浜万次郎	なかはままんじろう	土佐の漁師。漂流し，助けられたアメリカ人のもとで育つ。帰国後，通訳として活躍。通称ジョン・マン。	84, 85
なぽれおん〔奈保礼恩〕（一世）	（ナポレオン）いっせい	フランス革命期の軍人，政治家で，皇帝に即位。	36–37, 53, 62, 66
なぽれおん三世	（ナポレオン三世）	本名ルイ・ナポレオン。ナポレオン一世の甥で，皇帝に即位してナポレオン三世となる。	53, 66
ネルソン・マンデラ	ねるそん・まんでら	南アフリカの政治家。反アパルトヘイトの活動を行い，同国で黒人初の大統領となる。	42
福澤諭吉	ふくざわゆきち		19, 21, 23–24, 38, 64–67, 83–87, 103, 106, 108
平土留	ぺいとる（ピョートル一世）	初代ロシア皇帝で，大帝と称される。	60–61
ペリー提督	ぺりーていとく	アメリカ海軍の軍人。艦隊を率いて日本に来航し，鎖国中の日本に開国を求めた。	22, 83
まきしみりやん	（マクシミリアン）	オーストリア皇帝の弟。ナポレオン三世の支援を受けメキシコ皇帝に即位する。	80
マクラフリン	まくらふりん	ハドソン湾会社の職員。のちオレゴン州に住み，その活躍から「オレゴンの父」と呼ばれる。	21
マゼラン	まぜらん	航海者。マゼラン海峡を発見。本人は航海途中で死去したが船団は初の世界一周を成し遂げる。	104–105
めんでずぴんと	（メンデス・ピント）	ポルトガルの冒険家で『東洋遍歴記』を記す。日本にも訪れている。	54
良多馬	らだま（ラダマ一世）	マダガスカルの大部分を支配したメリナ王国の王。	32
リー・クアンユー	りー・くあんゆー	シンガポール初代大統領で，「シンガポール建国の父」と呼ばれる。	24–25
リヴィングストン	りヴぃんぐすとん	ギュツラフに感銘を受けて宣教師になる。ヨーロッパ人で初めてアフリカ大陸を横断した。	40
リリウオカラニ	りりうおからに	８代目の国王（初めての女王）であり，ハワイ王国最後の王となる。	108, 109
わしんとん〔ジョージ・ワシントン〕	わしんとん	アメリカ合衆国の軍人，政治家。同国の初代大統領。	76–77, 86, 88
わすこでがま	（ヴァスコ・ダ・ガマ）	ポルトガルの航海者で，喜望峰を回ってインドに達する航路の開拓者。	54
ワルプランク	わるぷらんく	アメリカ・ニューヨーク州の教育家。	3
ワンガリ・マータイ	わんがり・まーたい	ケニア出身の環境保護活動家。グリーンベルト運動と呼ばれる植林活動を展開する。	42

地名索引

地　名	読み方 （　）は現在の読み方	備　考 （現在の名称等）	主要掲載ページ
あ　行			
赤保留古	あかぽるこ（アカプルコ）		*80*
亜細亜	あじあ（洲）		*10, 11, 73, 120*
安全洲	あぜんす（アテネ）		*57*
阿多羅洋〔阿多羅海〕	あたらよう〔あたらかい〕	大西洋	*32, 48, 72, 94, 122*
アパラチア山脈	あぱらちあさんみゃく		*88*
阿弥志仁屋	あびしにや	エチオピア高原	*31, 32*
阿芙賀仁須丹	あふがにすたん		*15*
あふすたるあじや　→澳大利亜	→おうすたらりあ		
阿非利加	あふりか（洲）		*10, 11, 30, 38–43, 73, 120*
あまぞん	（アマゾン，川）		*123*
あむすとるだむ	（アムステルダム）		*59*
雨仁屋	あめにや（アルメニア）		*17*
亜米利加	あめりか（洲）		*10, 12, 72, 120*
亜米利加合衆国〔合衆国，亜米利加〕	あめりかごうしゅうこく〔ごうしゅこく，あめりか〕		*3, 15, 16, 73, 79, 83, 87–89, 108, 120, 126, 129*
アラスカ	あらすか		*106*
阿羅波婆土	あらはばど（アラハバード）	インド北部の都市	*14*
荒火屋〔荒火野〕	あらびや	サウジアラビアなど	*15, 16, 122, 125*
荒火屋海	あらびやかい（アラビア海）		*16*
阿留世里屋	あるぜりや（アルジェリア）		*34*
阿留辺山	あるぺんざん（アルプス，山脈）		*56*
安天須山	あんですさん（アンデス，山脈）		*96, 97*
安南	あんなん	ベトナム	*14*
英吉利〔イギリス，英〕	いぎりす		*12, 13, 21, 40, 48, 50–52, 65, 75, 95, 105, 121, 126, 127*
西班牙　→スペイン	いすぱにあ（スペイン）		
伊須蘭土	いすらんど（アイスランド）		*73*
伊太里	いたりあ		*56*
伊留久須喜	いるくすき（イルクーツク）		*18*
阿爾蘭	いるらんど（アイルランド）		*50, 51*
印度	いんど		*11, 14, 15*
印度海〔印度洋〕	いんどかい〔いんどよう〕	インド洋	*14, 122*
宇陰奈	ういんな（ウィーン）		*58*
浦賀	うらが		*22, 83*
宇良留河	うらる（ウラル，川）		*48*
宇良留山	うらるさん（ウラル，山脈）		*17, 48*
宇柳貝	うりゅうがい（ウルグアイ）		*96*

宇留天保留富	うるてんぼふる（ヴュルテンベルク）	ドイツ連邦州のひとつ。当時は，王国であった。	*58*
英　→英吉利	えい　→いぎりす		
衛士府都〔エジプト〕	えじぷと		*30, 31, 38*
ゑぢんぼるふ	（エジンバラ）		*50*
越尾比屋	えちおぴや	当時はスーダンより南，南アフリカより北のアフリカ内陸部全体をさした。	*35*
江戸	えど		*22*
江土奈山	えとなさん（エトナ，山）		*56*
英倫	えんぐらんど（イングランド）		*50*
墺地利	おうすとりあ		*48, 57, 58, 126*
王風島〔オアフ島〕	おうふうじま（オアフ，島）		*102, 107*
澳大利亜（おうすたらりあ，あふすたるあじや，オーストラリア）	おうすたらりあ		*50, 100, 101, 105, 117, 125*
小栗	おぐり（フーグリー，川）		*15*
御子突海	おこつきかい（オホーツク海）		*18*
小田羽河	おたわがわ（オタワ，川）		*74*
小田羽府	おたわふ（オタワ）		*74*
和蘭（オランダ）	おらんだ		*59, 95, 105, 126, 127*
か　行			
カイロ〔海楼〕	かいろ〔かいろう〕		*31, 38*
カウアイ島	かうあいとう		*107*
鹿児島	かごしま		*22*
合衆国　→亜米利加合衆国	がっしゅうこく，ごうしゅこく →アメリカがっしゅうこく		
金田	かなだ		*74*
加奈利屋	かなりや（諸島）		*36*
上銀名	かみぎんな	銀名国の中でもガンビアからカメルーンまでの地域をさす。	*33*
嘉無薩加	かむさっか（カムチャッカ，半島）		*18*
廈門	かもん（アモイ）		*14*
支那	から	中国	*11, 12, 13, 19, 120, 126, 127*
かるかす	（カラカス）		*95*
かりほるにや〔雁保留仁屋〕	（カリフォルニア）		*72, 79, 118*
カリブ海	かりぶかい		*88, 104*
軽骨田	かるこった（コルカタ）		*15*
雁寺洲	がんじす（川）		*14*
広東	かんとん		*14*
喜阿久田	きあくた（キャフタ）	モンゴル国境近くにある町	*18*
北亜米利加	きたあめりか（洲）		*72, 120*
北亜米利加の合衆国　→亜米利加合衆国	北あめりかのがっしゅうこく →アメリカがっしゅうこく		
喜別久	きべつく（ケベック）		*74*
喜望峰〔ケープ・ホープ〕	きぼうほう		*22, 31, 32, 54, 105, 121*

久場	きゅば（キューバ）		82, 121
希臘	ぎりいき，ぎりしや（ギリシア）		56, 57
錐須知屋奈	きりすちやな（クリスティアニア）	オスロー	60
キリマンジャロ（山）	きりまんじゃろ		43
銀名（国）	ぎんな（こく）（ギニア）	アフリカ西部ギニア湾沿いの北緯15度から南緯15度までの地域をさす。	33
くずこ	（クスコ）		98
具理陰蘭土	ぐりいんらんど（グリーンランド）		73
ぐりいんいっち	（グリニッジ）	ロンドン南東部の町。天文台があり時刻や経度の基準となっている。	118
けいぷほふるん　→ケープ・ホーン			
けいぷたおん〔ケープタウン〕	けーぷたうん		33, 40
ケープ・ホープ　→喜望峰	けーぷほーぷ　→きぼうほう		
ケープ・ホーン〔けいぷほふるん〕	けーぷほーん		21, 97, 121
ケニア	けにあ		39, 42
玄界灘	げんかいなだ		123
五井梁	ごいやな（ギアナ）	オランダ，フランス，イギリスの３国分割統治が続き，現在もフランス領は非独立地域。	95
後印度	こういんど	インドシナ半島。福澤の著述では前印度と後印度が逆転している。	14
甲賀巣山	こうかすざん（コーカサス，カフカス，山脈）		48
杭州府	こうしゅうふ	杭州市	12
合衆国　→亜米利加合衆国	ごうしゅこく　→アメリカがっしゅうこく		
香料諸島　→モルッカ諸島	こうりょうしょとう		
黒竜江	こくりょうこう（コクリュウコウ）	ロシア名ではアムール川	18
黒海	こっかい		16, 48, 122
骨片波辺	こっぺんはあへん（コペンハーゲン）		59
虎留鹿	こるしか（島）		52, 53
古論備屋	ころんびや		94
さ　行			
西蔵国	さいぞうこく	チベット自治区，中国名は西蔵	14
佐原〔サハラ砂漠〕	さはら	サハラ砂漠	35, 39
猿路仁屋	さるじにや（サルディニア）	イタリア領	55
猿和十留	さるわどる（サン・サルバドル，島）	コロンブスが新大陸発見の後，最初に上陸した島。ワトリング島ともいう。	81, 82
三義原	さんぎゅうばる（ザンジバル）	タンザニア東部，インド洋上の諸島	32

サンクト・ペテルブルク〔平土留保留府，新都平土留保留府〕	さんくとぺてるぶるく〔ぺいとるぼるふ，しんとぺいとるぼるふ〕		60, 61, 65-66
さんちあご	さんちあご		98
サンドウィッチ〔山土逸地〕諸島　→ハワイ諸島	さんどうぃっち〔さんどいっち〕しょとう		
サンフランシスコ	さんふらんしすこ		84, 85, 103
獅子里	ししり（シチリア，島）		55, 56
志戸仁	しどに（シドニー）		100, 101
支那　→支那	しな　→から		
品川	しながわ		38
治部良留多留〔じぶらるたる〕	じぶらるたる（海峡）		34, 48, 54, 55, 123
志辺里屋	しべりや		11, 17, 18
島原	しまばら		121
下銀名	しもぎんな	銀名国の中でもカメルーンからアンゴラまでの地域をさす。	33
下田	しもだ		22
下関の瀬戸	しものせきのせと	関門海峡	123
邪麻伊嘉	じゃまいか		82
暹羅	しゃむ	タイ	14
爪哇	じゃわ（島）		99
上海	しゃんはい，じょうかい（シャンハイ）		11, 14, 21, 22, 23
小亜細亜	しょうあじあ	アナトリア半島。トルコのアジア部分に当たる。	16
尻屋	しりや（シリア）		17
志留良々恩	しるられおん（シエラレオネ）		33
新和蘭	しんおらんだ（ニューオランダ）	オーストラリアの古い名称	100
新賀堀〔新嘉坡，シンガポール〕	しんがぽうる		14, 19-25
新銀名（新ぎんな）	しんぎんな（ニューギニア，島）		99, 125
新地伊蘭土　→ニュージーランド	しんじいらんど		
新都平土留保留府　→サンクト・ペテルブルク	しんとぺいとるぼるふ		
新都辺礼奈	しんとへれな（セント・ヘレナ，島）		36
新部橋	しんべばし	アフリカ西海岸，ナミビア周辺の当時の名称	33
新見の国	しんみのくに	ニューファンドランド島。カナダ東海岸の島	74
瑞西	すいちつる（スイス）		58, 59, 126
瑞典	すえいでん（スウェーデン）		59, 60
末洲（スエズ）	すえす（スエズ）		16, 30, 38, 121
周防灘	すおうなだ		123
蘇格蘭	すこっとらんど		50
須徳保留武	すとくほるむ（ストックホルム）		60
須拝洲　→モルッカ諸島	すぱいす		
スペイン〔西班牙〕	〔イスパニア〕		54, 72, 104, 126, 127

須磨多良（島）	すまたら，すまたらじま（スマトラ，島）		14, 99
西印度　→西印度	せいいんど　→にしいんど		
西紅海	せいこうかい	紅海。中国では現在の紅海を西紅海，メキシコのカリフォルニア湾を東紅海といった。	16, 31, 32
西論	せいろん	スリランカ	14
せぼすとぽる	（セヴァストポリ）	クリミア半島の都市	62
赤道国	せきどうこく（エクアドル）	国名はスペイン語の赤道（Ecuador）に由来する。	94, 95
瀬根賀宮	せねがみや（セネガンビア）	セネガル川とガンビア川の流域をさす名称。	33
日耳曼	ぜるまん（ゲルマン）	ヨーロッパ北西部に居住する民族をさす。	60, 126
瀬礼部須	せれべす	スラウェシ島	99
前印度	ぜんいんど	バングラデシュ，インド，パキスタン。福澤の著述では前印度と後印度が逆転している。	14
宗段	そうだん（スーダン）	当時はサハラ砂漠，リビア砂漠より南，コンゴ盆地より北の地域をさした。	35
楚森国	そもりこく（ソマリア）		32
た　行			
太平海〔大平海，太平洋〕	たいへいかい〔たいへいよう〕		11, 72, 94, 99, 122
大洋州	たいようしゅう（洲）	オセアニア	10, 11, 99, 120
田楠	たぐす（タホ，テージュ，川）		54
多寿女仁屋	たすめにや（タスマニア）		101
棚奈竜	たななりゅう（アンタナナリボ）		32
駄入部	だにゅうぶ（ダニューブ，ドナウ，川）		58
種子島	たねがしま		104
タヒチ島	たひちとう		106
タンザニア	たんざにあ		39
丹路留	たんじる（タンジール）		34
知多郡小野浦村	ちたぐんおのうらむら	愛知県知多郡美浜町	21
地中海	ちちゅうかい		16, 48, 122
中亜米利加	ちゅうあめりか（中央アメリカ）		80
朝鮮国	ちょうせんこく	韓国，北朝鮮	62
池鯉〔地鯉〕	ちり		96, 98, 117
ちんちや	（チンチャ，諸島）		98
テムズ川〔廷武須〕	〔ていむず，川〕		21, 51
天竺	てんじく	インド	11
嗹国	でんまるく（デンマーク）		59
堂宇留	どううる（ドーバー，海峡）		52
戸仁須	とにす（チュニス）		35
鳥羽	とば		21
どぶりん	どぷりん（ダブリン）		51

戸保留須喜	とほるすき（トボリスク）		*18*
戸里堀	とりぽり		*35*
土留喜須丹	とるきすたん	テュルク系民族が居住する中央アジアの地域名称	*15*
土留古	とるこ		*16, 17, 35, 48, 57, 126, 127*
な　行			
ないやがら	（ナイヤガラ，滝）		*123*
内留河〔ナイル川〕	ないるかわ		*31, 38-39*
長崎	ながさき		*11, 22, 23*
奈和	なわ（ネヴァ，川）		*61*
南極洋	なんきょくよう	南極海	*122*
ニイハウ島	にいはうとう		*107*
仁古来府	にこらいふ（ニコラエフスク・ナ・アムーレ）		*18*
西印度（西インド）諸島	にしいんどしょとう，せいいんどしょとう	名称は，コロンブスがインドに到達したと誤解したことに由来する。	*81, 82, 88, 104*
ないぜる	（ニジェール，川）		*33*
日本	にっぽん		*11, 117, 118, 120*
にやむく	にやむく		*35*
にゅうおるりいんす	（ニューオリンズ）		*126*
ニュージーランド〔新地伊蘭土，新じいらんど〕	にゅーじーらんど〔しんじいらんど〕		*101, 105, 118*
にゅうよるく（入世留久，ニューヨーク）	にゅうよるく（ニューヨーク，都市）		*79, 86, 126*
ニュウヨルク	にゅうよるく（ニューヨーク，州）		*3*
ヌウアヌ渓谷	ぬうあぬけいこく		*107*
寧波	ねいは（ニンポー）		*14*
能留英	のうるえい（ノルウェー）		*60*
信野（国）	のびや	スーダン北部からエジプト南部一帯の名称	*32*
は　行			
はあげ	（ハーグ）		*59*
拝地	はいち		*82*
売買城	ばいばいじょう（マイマイチェン）	モンゴルの都市アルタン・ブラク	*18*
巴多呉仁屋	ぱたごにや（パタゴニア）	アルゼンチンとチリにまたがる地域の名称	*96*
巴奈馬	ぱなま		*72, 86, 94, 121*
花瑠々　→ホノルル	はなるる		
はのうふる	（ハノーバー）		*58*
馬浜	ばはま		*82*
馬良尾	ばらお（バロー，岬）		*72*
巴羅貝	ぱらがい（パラグアイ）		*96*
パリ〔巴里斯〕	ぱりす（パリ）		*37, 52, 66, 67*
馬里留島	ばりるしま（バレアレス，諸島）	スペイン領	*55*

馬留加国	ばるかこく（バルカ）	キレナイカ。リビア東部地域の名称	35
ばるちもふる	（ボルティモア）		79, 126
馬留馬里伊	ばるばりい（バルバリー，バーバリー）	エジプト西部から大西洋岸までのアフリカ北部の地域名称	34
羽礼須多院	はれすたいん（パレスティナ）		17
ハワイ〔ハワイ諸島〕	はわい（諸島）		21, 101, 102, 103–104, 106–109
ハワイ島	はわい（島）		102, 107
葉羽奈	はわな（ハバナ）		82
馬和里屋	ばわりや（バヴァリア）	ドイツ連邦州のひとつ。当時は，王国であった。ドイツ語でバイエルン	58
火の国	ひのくに（フエゴ，島）	スペイン語で炎の島の意味	96, 97
ひめれや	（ヒマラヤ，山脈）		121
尾留知須丹	びるちすたん（バルチスタン）	バルチ人の土地の意味。パキスタン南西部，イラン南東部の地域名称	15
尾留満国	びるまこく	ミャンマー	14
びるみんはむ	（バーミンガム）		50
ひんどすたん	ひんどすたん	インド亜大陸全体をさす。	14
フィラデルフィア〔ふいれでるひや，ふひらでるひや〕	ふぃらでるふぃあ		79, 88, 126
フィリピン諸島	ふぃりぴんしょとう		105
福州	ふくしゅう		14
仏　→仏蘭西	ふつ　→ふらんす		
武良尻	ぶらじり（ブラジル）		95–96
仏蘭西〔仏，仏蘭西国，フランス〕	ふらんす（ふらんすこく）		34, 40, 48, 52–53, 66, 95, 126, 127
ふろれんす	（フローレンス）	イタリア語ではフィレンツェ	56
普魯士	ぷろしあ	ヨーロッパ北東部の地名。ドイツ語でプロイセン	48, 58, 126
ぶんける山	（バンカー丘）	ボストン北部にある丘	76
平土留保留府〔ぺいとるぼるふ〕→サンクト・ペテルブルク	ぺいとるぼるふ		
ぺいとろぼろすき	（ペトロパブロフスク・カムチャツキー）		18
平柳（平柳国）	ぺいりゅう（ペルー）		98
辺山国	へざんこく（フェザン）	リビア南西部地域の名称	35
部根重良	べねじゅうら（ヴェネズエラ）		95
白耳義	べるぎい（ベルギー）		59
辺留社	ぺるしゃ	イラン	15, 126
べるん	べるん		59
弁軽	べんがる（湾）		15, 122
北京	ほくきん（ペキン）		12
北極海〔北極洋〕	ほっきょくかい〔ほっきょくよう〕		17, 73, 122

発天戸池屋	ほってんとぢや	ホッテントットと呼ばれる民族の住むアフリカ南部の地域をさす。	*33*
ホノルル〔花瑠々〕	ほのるる〔はなるる〕		*102, 103, 108*
ぼふすとん	（ボストン）		*77, 79, 126*
保里備屋	ぼりびや		*96*
ほるすちん	（ホルシュタイン）		*60*
葡萄牙〔ポルトガル〕	ぽるとがる		*36, 54, 104*
保留根尾	ぼるねお（島）	インドネシア語でカリマンタン	*99*
香港	ほんこん		*12, 14, 22*
ま　行			
マウイ島	まういとう		*107*
マカオ	まかお		*22*
マゼラン〔麻瀬蘭〕海峡	まぜらんかいきょう		*72, 96, 104–105*
麻田糟軽	まだかすかる（マダガスカル）		*32, 121*
麻寺（島）	までら（マデイラ，島）		*36*
麻土律戸	まどりつと（マドリッド）		*54*
まにら	まにら		*100*
満落花〔マレー半島〕	まらっか	マレー半島	*14, 19, 20*
満落花の瀬戸	まらっかのせと	マラッカ海峡	*14*
マルセイユ〔マルセイル〕	まるせいゆ		*67*
丸太	まるた（島）		*55*
マレーシア	まれーしあ		*24–25*
マレー半島　→満落花	→まらっか（半島）		
満州	まんしゅう	中国の東北部と呼ばれる一帯の名称	*18, 62*
みすしっぴい	（ミシシッピ，川）		*123*
南アフリカ	みなみあふりか	イギリスの自治領から独立し，南アフリカ連邦，のち共和制に移行し共和国になる。	*40, 42*
南亜米利加	みなみあめりか（洲）		*94, 120*
めきしこ〔女喜志古〕	めきしこ		*79, 80*
めきしこ〔女喜志古〕湾	めきしこわん（湾）		*80, 122*
女留保論	めるぼるん		*100, 101*
蒙古	もうこ	モンゴル	*16*
茂山比丘	もさんびく（モザンビーク）		*32*
もすこう	（モスクワ）		*61*
モルッカ諸島〔香料諸島，須拝洲〕	〔こうりょうしょとう，すぱいす〕		*99, 104*
茂禄子	もろくこ（モロッコ）		*34*
門土里留	もんとりいる（モントリオール）		*74*
や・ら・わ　行			
欧羅巴	ようろっぱ（洲）		*10, 12, 48, 64, 72, 120*
横浜	よこはま		*84*
良富羅多	らぷらた（ラ・プラタ）	アルゼンチンの古い呼び名。川の名称でもある。	*96*
蘭　→和蘭	らん（オランダ）		

りおじやねいろ	(リオデジャネイロ)		*95*
里園〔リヲン〕	りおん（リヨン）		*53, 67*
裏海	りかい	カスピ海	*48*
里須盆	りすぼん		*54*
りいうるぽふる	(リバプール)		*50*
理部利屋（国）	りべりや（こく）		*33, 34, 126*
りま	りま		*98*
リヲン →里園	→りおん		
呂宋	るすん（ルソン，島）		*99, 100*
るぽす	ロボス（諸島）		*98*
礼陰河	れいいんかわ（ライン，川）		*58*
れきしんとん	レキシントン	アメリカ北東部の町	*76*
魯 →魯西亜	ろ →ろしあ		
羅馬	ろうま（ローマ）		*56*
老蓮洲	ろうれんす（セント・ローレンス，川）		*74*
魯西亜〔魯，ロシア〕	ろしあ	ロシア	*17, 18, 48, 60–62, 65–66, 111, 126, 127*
ロンドン〔ろんどん，龍動，論頓(府)〕	ろんどん		*21, 50, 51, 65, 126*
和阿戸留楼	わあとるろう（ワーテルロー）	ベルギーの都市。ナポレオンの古戦場として有名。	*36, 37*
和新頓〔わしんとん，ワシントン〕	わしんとん（ワシントン D. C.）		*78, 84, 86, 126*
輪留田島	わるだしま（ヴェルデ）	現在の国名はカーボヴェルデ（ポルトガル語で，緑の岬）	*36*